JN438178

서훈 받지 못한 어느 의병장 후손의 자전에세이

바람은 썩지 않는다

정현경 지음

문학공원 산문선 45

서훈 받지 못한 어느 의병장 후손의 자전에세이

바람은 썩지 않는다

정현경 지음

햇살은 따뜻함으로 썩고,
맑은 물은 고임으로 썩지만,
바람은 썩지 않는다.
풍장으로 살아나는 너,
바람의 그림자 같은 인생

문학공원

▌책을 펴내며 ▌

지나온 인연들을 돌아보며

내 삶의 힘든 고비를 넘기고 한시름 놓을 때, 문득 활화산처럼 타고 있는 내 안의 불씨를 보았습니다. 태풍전야의 고요가 감돌고 있었습니다. 무언가 꼭 하나쯤 흔적을 남기고 싶다는 욕구가 나를 흔들고 있었습니다. 그런 꿈틀거림이 용솟음칠 때 진천평생학습관에서 진행하는 자서전쓰기교실에 입문했습니다.

지금 생각하면 정말 어처구니없는 일입니다. 병원에 입원하여 한 달 정도 있으면서 무료함에 지쳐갈 때, '마중'이라는 진천평생학습관 학습 프로그램 안내책자를 보고 무조건 달려간 곳이 자서전쓰기교실이었습니다. 이미 모집기간이 끝나서 가능성이 희박해보였는데, '와도 된다' 하니 마냥 기뻤습니다. 이 과정의 오픈 특강에 이어 이미 2회차 강좌가 끝난 뒤에 합류한 것이었습니다.

함께하고 보니 불타는 노년의 열정이 모여, 겸손한 이야기꽃들을 피워내는 아름다운 곳이었습니다. 이곳 글쓰기교실에서 뜻하지 아니한 내 삶의 조각보를 새기게 되었습니다. 살아온 날의 어둠에 묻혀 있는 이야기를 감자 캐듯, 수확하는 기쁨을 한 조각씩 삶의 그물망에 새겨 넣으니, 만국기 휘날리듯 힘찬 격려와 응원을 바람이 보내옵니다.

인천에서 먼 길도 멀다하지 않으시고 늘 행복한 모습으로 달려와, 멋모르고 글쓰기에 도전한 저에게 용기를 주신 봉은희 지도교수님께 감사드립니다.

선배작가로서 경험담을 엮어 책 만들기에 힘을 실어주신 이선 멘토님과 85세라는 노령의 연세에도 불구하고 2집, 3집을 출판하시는 선배작가님들께도 감사드립니다.

자서전 작가 5기생인 우리 동기님들께도 함께해주셔서 정말 감사하다는 인사를 드리고 싶습니다. 살아오면서 나와 인연을 맺어온 지인들에게도 평소에 못했던 감사를 드리고 싶습니다. 이 모든 이야기의 밑거름이 되어준 나의 가족들에게도 감사를 해야겠습니다.

늘 응원해주고 도움을 주신 이운순 수필가님께도 감사하다는 말씀을 전하며, 바쁘신 데도 짧은 기간 동안 선뜻 책을 출판해주시겠다고 받아주신 도서출판 문학공원의 김순진 교수님께도 감사의 말씀을 전합니다.

우리 가족도 소통의 부재가 많았습니다. 말로하지 아니하면 글이라도 써서 서로의 감정을 소통할 수 있는 공감대를 형성했으면 합니다. 표현하지 아니한 감정을 읽을 만큼 눈빛언어가 발달하지 아니했으니, 하고 싶은 말을 진솔되게 표현했으면 합니다. 가족이란 울타리에서 때로는 힘들게 살았더라도 이제는 사랑이라는 단어를 앞장세워, 마음을 어루만져 주는 사람으로 살아가길 원합니다.

여기 쓰인 글들은 내가 살아오면서 겪고, 느낀 이야기라 내 주관적인 생각과 나의 감성과 감정이 묻어있는 이야기입니다. 넓은 마음으로 이해해 주시면 고맙겠습니다. 어렵지 아니한 삶이 어디 있겠습니까마는 눈 뜨고 있는 오늘에 감사하며 살겠습니다. 어젯밤에 꿈을 꾸었습니다. 대형버스로 친구들과 소풍나들이를 하고 귀가하는데, 나를 빼놓고 차가 출발하더니, 강에 추락하여 보이지 않게 가라앉았습니다. 눈앞에서 순식간에 사라져버렸습니다. 너무 놀라 119에 전화를 하는데, 손가락이 움직이지 않습니다. 그 사이 모두 무사히 헤엄쳐 나왔습니다. 안도의 한숨을 쉽니다. 삶은 한 치 앞을 알 수가 없습니다.

무엇을 바라지 말고, 지금 불행한 일이 생겨도 '불행 중 다행이다.'라고 위안하면서 살면 세상살이는 그렇게 나쁘지 않습니다. 기대감을 가지지 않으면 행복합니다. '그럴 수도 있지'라고 생각하면 모든 것이 용서가 됩니다. 고통에 시달릴 땐 '이 또한 지나가리라'하면서 두 눈을 질근 감고 이겨내면 됩니다. 유혹하는 쾌락의 신을 뿌리치고 헤라클레스는 미덕의 신 손을 잡아 힘든 일을 이겨내고, 그 고통에서 영웅이 되었다 합니다. 우리의 삶에도 쾌락과 미덕의 유혹이 있습니다.

2019년 11월 저무는 가을에

정 현 경

‖ 축하의 글 ‖

날개 없는 천사 정현경의 삶 들여다보기

이 운 순(수필가)

도 레 미 파 솔, 그녀의 보이스는 파와 솔 그 중간쯤 어디일 것이다. 비가 오면 비오는 대로 바람 불면 또 그런대로 그녀의 음성은 오늘도 맑음이다. 셀 수 없을 만큼 고비를 겪어 삶이 고단할 때도, 중년기 우울감으로 흘러가는 구름에 눈물방울이 떨어져도 그녀는 항상 '솔 톤'이다. 그녀를 알게 된 지 여러 해, 그럼에도 나는 그녀의 눈물을 보았었던가. 그녀의 마음자리 그 어디에도 주름 따위는 갖고 있지 않다. 그녀의 얼굴 밝기는 60촉 이상이고 마음 너르기가 태평양이다. 아마도 돌아서서 울음을 삼킨 날은 수없이 많았으리라.

"언니, 나 진천에 이사 오고 너무 심심해서 자서전반 들어갔어요."

"현경, 자서전은 무슨, 그건 좀 아직 이르지." 아직 오십대인데 무슨 오버인가 싶어 "최소한 칠십대는 되어야 자서전을 생각하는 건데 젊은 나이에 무슨, 어느 정도 인생을 살아봐야 지나온 날들을 반추하고 정리하는 거야."

그러거나 말거나 손전화기 저 너머 그녀의 하이 톤이 또 신명이 났다. 동갑내기라는 자서전반 교수님 이야기와 함께 수업을 듣는 시니어들 이야기에 평소보다 더 들떠있다. 천성이 부지런한 탓일까, 가만히 있으면 몸살이라도 나는 걸까. 쉼 없이 일을 만들고 또 긍정의 힘으로 헤쳐 나간다. 세상풍파가 현경보다 적었던 걸까, 헛먹은 나이 자랑하는 나보다 훨씬 어른 같은 아우다.

그녀는 교과서에 실릴 만큼 명문가 진주 땅에서 1963년 세상에 나왔다. 『토지』 속에 최부잣댁의 모태가 되었으리라는 추정을 할 만큼 그녀는 귀하고 귀한 댁의 '작은아씨'였으리라. 집안일을 보아주는 이들의 보살핌을 받고 자랄 만큼 행복했던 시절, 온 세상의 모든 것이 아름다운 시절이었지만 신은 항상 시샘 많은 장난꾸러기였다. 어린 현경에게서 곱디고운 어머니를 앗아가고 말았다. 세상의 다시없는 평생의 내편, 그 따듯한 어머니의 손을 일찍 놓아버린 그녀의 반세기는 어떠했을까? 위로 나이차 많은 오빠와 나, 남동생이 셋이나 되었으니 할머니의 근심이 시작됐다. 아버지는 새어머니를 맞아들였고 이복동생도 생겨났다. 이즈음부터 지식인 아버지는 밖으로만 떠돌았을 것이다. 가세는 급속하게 기울고 삶의 고비는 늘 그녀를 따라다녔다.

결혼을 했다. 마음 좋아 보이는 남편은 직장을 그만두고 삼십대 젊은 나이에 사업에 뛰어들었다가 외한보유고 최대 위기라는 IMF를 맞고 부도와 도산에 직면했다. 아이들은 고만고만해 돈 들어갈 일은 많고 삶은 점점 팍팍해졌다. 그럼에도 타고난 긍정마인드 하나로 버텨냈다. 세 아이들도 모두 반듯하게 잘도 성장했다. 어려움 속에서 빈번하게 닥치던 시련으로 번번이 병원신세를 져야했지만, 그마저도 그녀는 경제적 시련을 이겨내기 위한 워밍업정도로만 여긴다. 온갖 인생을 달관한 듯 오늘도 씩씩하다. 자신의 인생이야기를 만나게 될 구독자에게도 특유에 무한 긍정에너지를 햇살처럼 나누어주리라. 앞으로의 그녀 삶이 화사한 꽃길만 걷게 되기를 기원하며 나, 그녀를 위해 진심으로 기도하리라.

‖ 축시 ‖

바람

정 연 호

나!
당신이 되고 싶소

기분 좋은날엔 샛바람 되어 보드라운 얼굴을
훈기로 어루만져 행복한 미소를 짓게 하며
울적한 날엔 갈바람처럼
사색에 잠겨 쓸쓸한 모습으로 홀로 걸으며
고독을 맛보고 싶소
서러울 땐 된바람같이 윙윙 소리 내어
목이 터져라 절규도 해보려오

그러다 마음이 진정이 되면
마파람되어 산들산들 털고 일어나
밤새도록 꿈꿨던 희망이 햇살 돋는 아침에
당신의 따뜻한 몸으로
새 생명 싹을 틔우는 훈훈한 바람이 되고 싶소

‖ 차례 ‖

3부 바람 한 점에도 사랑은 가득하고

차례

4부 뿌리 깊은 나무는 바람에 흔들리지 아니하고

5부 나의 사랑 나의 시

1부
바람은 썩지 않는다

바람은 썩지 않는다

이제는 바람이고 싶어라
어디든 갈 수 있고
누구든 토닥거려 주며
속 시원한 바람이고 싶어라

밝은 햇살은 따뜻함으로 썩고
맑은 물은 고임으로 썩지만
바람은 썩지 않는다

말려야 살 수 있는 너
말려 죽이려고
하지만 말려야 사는 것

풍장으로 살아나는 너
바람은 썩지 않는다
바람은 모든 것을 잉태한다

한때는 무정물의 바위이고 싶었고, 한때는 흐르는 물이고 싶었고, 또 때로는 누구에게나 따뜻한 빛이고 싶었던 시절이 있었다. 세상살이 먹이사슬 시련에 시달리자 먹지도 싸지도 않고 살 수 있는 잡초가 부러웠다. 하지만 이젠 바람으로 살고 싶다. 속 시원한 바람이 되어 상쾌한 허파의 바람처럼 살고 싶다.

바람과 친구가 되어 내가 필요할 때 언제든지 내 안에서 살포시 나와 도란도란 얘기 나누는 내 영혼의 친구.

삶과 죽음의 길이 항상 내 곁에 있어도 나는 알 수가 없었다. 오는 길 모르고 왔듯이 가는 길도 알려고 하지 말자. 태어날 때 세포분열 몰랐듯이, 죽을 때 분해되는 육신 알려고 말자. 오고 싶어 온 세상 아니었듯이 가고 싶어 가는 세상 아니잖은가. 삶과 죽음은 예나 지금이나 미완성, 한결같은 미제 사건이지 아니한가?

이 푸른 별에 와서 혼불되어 떠나는 날까지 지구라는 행성의 지옥에 유배와서, 고난과 싸우며 한 끼의 먹이를 위해, 삶의 영광을 위해 모질게 살아가는 인간세상 보다 그 자리 그대로 지키며 자라고 있는 식물이고 싶다. 사람이기에 욕심이 더하여 바람이고 싶다.

바람이 분다. 무더운 여름밤을 불쾌자수에 시달리다가 잠들어 깨어난 아침에 바람이 시원하게 분다. 빗줄기라도 쏟아질 듯 비 머금은 하늘에서 부채질하는 바람이 내가 살고 있는 충북혁신도시에 내려앉았다. 열린 창문을 통하여 거실 소파 위에 누워 있는 내 얼굴에 살랑살랑 부채질을 하며 내려앉은 아침이다.

자연의 힘은 대단하여 사람이 감히 흉내 낼 수가 없다. 바다에서 잉태된 바람이 육지로 상륙하여 주는 영향은 말로 다할 수가 없다. 태풍이 되어 재해를 줄 수도 있고, 신선한 바람이 되어 식물을 수정시켜 열매를 맺기도 한다. 바다에서 불어와 지금 나를 흔들고 가는 이 바람의 힘이 선풍기 한 대나 에어컨 한 대의 힘에 비교하리. 사람의 힘으로 야외에 있는 공간 몇 평 정도에 바람을 일으킬 수 있을까? 만 평, 아니면 십만 평. 바람의 힘은 위대하여 지구 곳곳을 흔들고 지나간다. 들꽃은 아무리 거친 바람이 와도 낮은 자세로 받아들이고, 그 가느린 모습으로 풍파를 이겨낸다. 하지만 사람은 재해 앞에 갈 곳이 없다.

바람 부는 집안에 앉아 여름바람을 즐기는 하루가 행복하다. 오늘은 나도 식물이 되고 싶다. 바람의 힘에 의하여 흔들리고 움직일 수 있는 식물이고 싶다. 여름바람은 식물뿐만 아니라 동물인 나도 좋다. 한곳에 머무르지 않아 썩지도 않는다. 벌레들이 생기지도 않는다. 얼마나 신선하랴. 바람과 함께 떠날 수 있는 여행이라면 꼭 한 번 동행해 보고 싶다. 힘 있는 바람을 친구삼아 호가호위하며 지구 한 바퀴 돌고 올 수 있으면 얼마나 좋을까.

바람은 맞으라고 있는 것이지 피우라고 있는 것이 아니다. 바람은 피울 수가 없다. 꽃을 피우는 것은 물과 햇빛이고 열매를 맺는 건 바람이다. 고여 있는 햇빛과 물은 썩는다. 하지만 바람은 썩지 않고 생명을 잉태시킨다. 모든 사람이 시원한 바람처럼 다가와 우리 삶에 활력을 줄 때 바람은 생명을 얻는다. 바람같이 힘 있고 신선하게, 남은 내 삶을 잘 살고 싶다. 죽어서 유골을 바람에 날려 보내라는 마지막 한을, 나는 살아서 살고 싶다.

푸른 별나라에 온 나

비가 많이 내린 1963년 7월 5일
백두대간 끝자락 지리산의 막내둥이 옥산 아래 동네
경남 하동군 옥종면 정수리 641번지
천석이 몇 천석을 넘어
만석꾼이라 불리기도 한 연일 정가집안에
6남 1녀의 넷째로 태어난 작고 예쁜 양념딸

정수마을은 포은 정몽주 후손 정씨들의 집성촌으로 제실과 옥산서원이 있다. 나의 고조부는 내금위장을 지내셨고, 그의 큰아드님이신 정호용 증조부는 고종황제의 오른편을 경호하시는 우시어(右侍御)를 지내셨다 하며, 작은 아드님이자 동생이신 정한용 작은 증조부는 진주시민들의 추대로 진주의병장으로 독립운동을 하셨다 한다. 독립운동으로 곡간을 다 비워 낸 정한용증조부는 나의 조부이신 큰아드님을 형님이신 정호용증조부께 양자로 드렸다 한다. 큰집 살림을 축내

▲ 한국방송통신대학교 시절

지 않고 크게 일으켜 세우신 분이 나의 조부이시다. 조부의 재력과 작은 조부의 학문은 서부경남지역에서 명성이 자자하였다 한다.

인물 훤칠한 아버지와 천사 같다는 예쁜 엄마를 부모로 두고 태어난 나는 살아 있는 인형같이 사랑으로, 응석으로 자라면서 병치레를 줄곧 하였다. 그래도 봄날에 꽃피는 화초처럼, 근심걱정 없이 보는 이를 즐겁게 하며 란처럼, 모란처럼 환하게 자라고 있었다.

하지만 세상은 공평하여 나에게도 폭신하고 둥근 행복의 공만을 던져 주는 게 아니었다. 초등학교를 졸업도 하기 전에, 하늘은 가장 소중한 엄마를 빼앗아간 것이다. 삶의 기둥이 무너지는 소리가 그때는 들리지 않았다. 아버지가 울타리만 잘 지켜주셨어도 세상은 험난

하지 않았을 것이다. 세상물정보다 인간 본연의 선함에 입각하여 삶을 사신 아버지는 세속물정 모르는 신선 같은 삶을 선택하셨다. 어렸을 때는 정말 선량하고 멋있는 아버지였는데, 내가 힘든 세상을 살고 보니, 어찌하여 그런 삶을 사셨는지 원망스러워진다. 신선처럼 사신 내 아버지는 투병생활 8년에, 나와 함께 사신지 7년째다.

이제 삶의 풍랑을 거쳐 뭍에 도착하여 무거운 짐을 내려놓고 안도의 숨을 쉬어 본다. 가벼워진 어깨로 바라보니, 세상은 뿌린 대로 거둔다는 말이 진실로 다가온다. 그리움과 버거움이 공존했던 지난날을 거울삼아 반복되는 어리석음은 번복하지 않으리라. 남편과 삼남매와 함께 세상의 숨은 보물찾기를 하는 생(生)이 나의 삶이다.

병치레

빡빡머리 자르고 햇빛 받아
집 앞 개울가에 빛나는 돌멩이 같이
무병으로 자랐으면 좋았을 것을
신은 공평하여 늘 아프게 하였으니

무쇠 가마솥 곰국에 빠져
왼손 팔 껍질을 몽땅 벗겨내고
뻘겋게 물든 붕대의 아픔과
골목골목 길 따라 집 찾기 바쁜 진주 작은집
나를 돌보는 언니 애 먹이기는
치료의 무서움 때문
의사선생님 욕하기도
치료의 무서움 때문
예쁘다고 안아 보자는
큰 숙모의 손을 빼다가 빠진 팔

건강한 날보다
아픈 날이 더 많은 것 같았던 어린 시절
그래도
주변사람들의 사랑스런 눈길
따뜻한 맘이 늘 주위를 맴돌고
순진무구한 순수의
맑고 또 맑은
수정구슬 같은 투명한 영혼의 아픔

나는 늘 이렇게 아픈 어린 시절을 살아내야 했다.

친할머니, 작은집할머니, 고모할머니, 이웃집 친척할머니, 집안일 도와주는 사람들의 관심과 사랑으로 살아있는 인형 같다는 소리를 듣고 자란 어린 시절이다.

엄마의 사랑보다 할머니들의 귀여움을 받으며, 엄마의 훈육은 할머니가 방패가 되어주시고, 내 멋대로 살았더니 그만 엄마가 병이 나서 일찍 세상을 떠나고 말았나 보다. 세상은 공평하여 교만한 나를 그냥 두지 않고 뼛속 깊이 아픔을 남겼으니, 어려서는 육체적으로 커서는 정신적으로 세상살이 앓았으니 참으로 공평하다.

가마 솥 곰국에 빠진 나

밀내음이 고소하고 보리내음이 향기로운 유월에 온갖 꽃들이 집안에 향기를 내뿜고 있었다. 시끌벅적 타작하던 날, 어른들은 보리타작하느라 정신없고 대여섯 살 먹은 우리들은 숨바꼭질 하느라 정신없이 놀았다. 온동네를 무대로 숨바꼭질을 했으니 어디 있는지도 모르고 그냥 시들해졌는데, 술래인 동생이 대문 밖에서 집으로 들어오고 있었다. 나는 얼른 뒷마당에 숨어야지 생각하고 작은방 무쇠 가마솥단지가 걸려 있는 축담을 돌았다.

그리고는 급한 맘에 곰국을 한 솥 끓여 놓은 무쇠솥뚜껑을 발로 밟고 건너는 모험을 한 것이다. 그 순간 솥뚜껑이 미끄러지고 꽈당탕 소리와 함께 비명을 질렀다. 작은방에서 책을 읽고 계시던 할머니가 깜짝 놀라 옆문을 여셨다. 마당에서 타작하던 사람들이 풍비박산하여 달려오고, 솥단지에서 빠져나온 나의 옷은 축 늘어져 있고, 왼쪽 팔뚝의 살갗은 흐물흐물 곰탕을 닮아 있었다. 손가락에서 팔꿈치까지 빠진 것이다. 지리산 두메산골 동네에 병원이 없어 어른들은 소금인지 된장인지, 아니면 감자인지 모를 무언가를 발라 싸고는 급한 대로 약국에 갔다. 약국에서 할 수 있는 게 없어 진주시내 병원으로 갔다.

진료는 몇 달 동안 계속되었고 나는 삼촌 집에서 나를 돌봐주는 언니와 함께 살았다. 매일매일 소독하고 붕대를 감는데 붕대를 풀면 새빨간 피가 무서운 공포였다. 어려서 뭐가 뭔지 몰랐으니 빨간색만 보면 모두 피인 줄 알고, 아프다고 발버둥치고 소리 지르고 그러다가 안 되면 의사선생님 욕하고 난리가 아니었다. 피가 아니라 빨간 소독약이었던 것이다. 얼마나 있었는지 정확히 기억나진 않지만 꽤 많은 시간을 진주 삼촌 집에서 지냈다. 지리산 하동군의 생활과는 비교도 되지 않을 정도로 진주는 생활이 편리하였다. 꼬부랑 골목길로 집 찾는 것이 예사로운 일이 아니었다. 거기가 거기 같아서 밖에 나가기도 두려웠다. 지금도 생각나는 건 어묵국과 도넛츠를 굽는 고소한 냄새는 추운 겨울날 집 떠나 있는 시간을 망각하게 했다. 그 맛을 못 잊어 지금도 도넛츠 냄새만 나면 푸른 침샘이 소나무 잎처럼 솟아난다.

치료를 끝내고 집에 왔더니 동네 사람들이 날 보고 얼마나 고기가 먹고 싶어서 솥에 빠졌느냐고 웃기는 소리들을 했다. 친구들은 날 고기쟁이라고 부르며 장난을 치기도 했다. 초등학교 다닐 때는 팔의 상처가 생각도 안 났는데, 중학교 입학을 하고 여름철 교복을 맞춰야 하는데 짧은 팔을 입어야 할 지 고민이 되기도 했다. 내 옆 짝궁은 화상을 심하게 입어 긴팔로 하복을 맞췄다. 난 그 친구보다 흉터가 덜해 용감하게 짧은 교복을 입고 다녔다. 중학교 때 짧은 팔의 교복을 입고 다녀, 고등학교 가서는 걱정도 하지 않고 반팔을 입고 다닐 수 있었던 것 같다.

매년 여름이 오면 나의 왼쪽 팔이 고민이다. 다른 사람들의 눈에 띄지 않게 옷으로 감추고 다닐 것인지, 그냥 아무렇지도 않게 다닐 것인지 고민이 되기는 하지만 여름에 긴소매의 옷이 더 이상할 것 같아 남들처럼 입고 다닌다. 그러면 잘 모르고 지나가는 경우도 있고, 워낙 흉터가 커서 눈에 띄는 경우도 있지만 후유증이 없어서 다행이다. 성형수술을 해도 엉덩이 살을 떼어서 붙여야한다는 말에 기겁을 하고 그냥 살기로 했다. 내 운명에 별자리처럼 남겨진 북두칠성 같은 흉터가 부모의 마음을 헤아리게 하는 아픔으로 반짝인다. 부모가 되어 보니 그 가슴이 얼마나 놀랐을지 짐작이 간다. 삶의 이정표는 바람에 날리는 잎새가 아닐는지…….

45년 전 현충일
- 엄마 떠나던 날

보리 내음 사라진 유월에
새빨간 장미꽃덩굴 아래 앉아 햇살가루에
윤슬 반짝이며 포근한 날
호국영령 깃대 되어 현충일을 맞는다

매년 맞이하는 현충일에 나는 엄마를 잊어 본적이 없다.
이 날은 양력으로 지내야 하는 나의 어머니 기제일이다.

윤달이던 달에 돌아가셔서 음력이 아닌 양력에 제사를 지내야 한다. 일곱 살 막내를 두고 떠나던 날의 기억이 아직도 남아있는 건 나름대로의 충격이 컸기 때문이리라. 오빠는 21살, 나는 12살, 남동생 10살, 남동생 9살, 남동생 7살……, 올망졸망했다.

임종을 맞이하고 친척들이 주변에서 눈물 흘리고 있을 때, 아버지는 밖으로 나가셨다. 당신 마음이 아파서라고 하는데 죽어가고 있는 아내는 얼마나 서글펐으랴! 체면이 문제가 아니라 당신 품에 안겨서 눈을 감았으면 그나마 위안이 되었을 텐데……. 큰 숙모가 솜으로 코와 귀를 막고 방안에 있는 가구들을 밖으로 끄집어내고 초상집을 준비하던 모습이 45년 전이다.

주변에는 친척과 내 또래 친척 친구들이 모여 숨넘어가는 나의 엄마를 두고 눈물을 흘릴 때, 나는 왜 슬픈지를 몰랐다. 옆에서 모두 우는 모습을 보니 그것이 이상해 따라 울었다. 천사 같다는 우리 엄마는 나에게 누구였는지 기억이 별로 없었다. 몇 년 동안 간암치료를 위해 서울서 진료를 받다가 도저히 가망이 없다는 선고를 받고 집으로 와서 얼마 되지 않아 돌아가셨다. 병원 진료를 위해 우리 마을 앞에 있는 커다란 산을 팔아 치료비로 감당했고, 더 많은 재산을 팔아 치웠어도 그 당시 의술로서는 난치병이었다. 엄마의 모습이 엄마 같지 않고 무서워 가까이 가지도 않았다. 우리에겐 우리를 한없이 사랑하는 할머니들이 많이 계셨다. 친할머니를 비롯하여 이웃 친척할머니들이 참 많이 계셨다. 그래서일까 엄마의 부재를 크게 느끼지 못하고 살았다.

세월이 지나 새엄마가 들어오시고, 집안의 살림살이가 기울어져 갈 때 세상은 참으로 무서운 절벽이었다. 명망 있는 집안에서 대학공부도 하시고 인물도 훤칠하신 아버지는 우리 형제들이 자라는데 양육자도 방패막이도 아니셨다. 무엇보다도 나를 힘들게 한 건 새엄마와 아버지의 싸움이었다. 엄마 살아계셨던 날들에는 부부 싸움하는 것을

▲ 한 장뿐인 엄마 사진

딱 한번 본 것 같은데, 새엄마와는 매일매일이 전선에서 사는 기분이었다. 새엄마의 기분에 따라 언제 전쟁통이 될 지 모르는 분위기로 집안이 바뀌어갔다. 집안에서만 싸우는 것이 아니라 집 밖에서도 싸워 동네가 다 알게 되었다. 동네 사람들 보기가 창피해졌다. 동네 앞길로 학교를 다닐 수가 없어 뒷길로 다녔다. 그러면 엄마의 무덤이 있는 산 앞을 지나게 되는데, 그냥 아무 말 없이 눈물이 흘렀다. 엄마 돌아가시던 날 나오지 않던 눈물의 맛이 무엇인지, 세상살이 고달픔이 무엇인지 가르쳐 주지 않아도 알아차리게 되었던 중학교 시절이었다. 그리고 고등학교는 진주 큰삼촌 댁에서 다녔고, 집을 떠나 서울서 직장 생활을 한 게 1982년 3월이었다.

나는 서울이모의 날개 아래 따뜻한 보금자리를 마련했지만, 남은 동생들이 걱정이었다. 45년이 지난 오늘까지도 집안걱정이 끝나지 않았다. 50살이 넘도록 남동생들이 결혼을 하지 않았기 때문이다. 그 와중에 암으로 투병하는 동생도 있기 때문이다. 아버지와 새엄마와의 30년 별거생활의 정리도 암초 같다. 아버지는 투병생활 8년째이고 지금은 나와 함께 살고 있다.

갈매빛이 신록보다 더 싱싱한 피 끓어 오르는 장미 숲 아래에서 2019년 유월이 등불을 밝힌다. 새순이 돋아날 때 몰랐던 부드러움을 꽃잎에 입 맞추며 눈물 한 방울 흘려 빛의 제전에 바치며 현충일을 맞는다. 아니 엄마의 기제일을 맞는다.

* 참고 : 2019년 6월 6일 현충일에 해무리가 떴습니다. 해무리는 우리말로 햇무리라고도 하며 '결코 죽지 않는다' 라는 영원불멸의 의미와 함께 행운을 의미한답니다.

나의 직장이자 학교였던 한국방송통신대학 근무시절

지리산 자락의 겨울은 산바람이 추웠지만 북한산 자락의 서울은 강바람이 추웠다. 1982년 3월에 서울특별시 종로구 동숭동 169번지에 위치한 한국방송통신대학 학보사에 취직을 했다. 서울대학교 부속이었으나 분리되어 독립대학으로 새로운 시작을 하는 첫해였다. 나는 한국방송통신대학 학보사 업무부에서 회계업무를 담당하고 있었다. 예산을 짜고 집행하고 결산을 하는 실무담당자였다. 업무를 익히느라 관악산 서울대학교 학보사를 들락날락하며 많은 걸 전수받았다. 그때 아무것도 모르는 나를 자상하게 잘 가르쳐 준 언니가 있었다. 지금은 이름도 생각나지 않지만 무척 고마웠다. 여상을 졸업하고 바로 취직하여 실무경력이 없었던 나는 매사가 조심스러웠다. 1년 예산은 신문구독료와 광고료, 기타 수입으로 예산은 약 10억 원 정도였다. 그 큰 금액에 짓눌려 나는 정신적으로 많이 힘들었다. 예산은 적정하게 짜였고 제대로 잘 사용하고 있는지 늘 양심적인 잣대를 대보곤 했다. 어렵고 힘든 사람들이 모여 한 학기에 3,000원씩 내는 구독료가 3,000원 이상의 효과를 누리려면 제대로 일을 해야 하는 것이었다.

▲ 한국방송통신대학교 학보사 직원들과 함께 설악산에서

신문을 발행하여 발송하는 업무도 함께했다. 전국에 있는 학생들에게 타블로이드판으로 매주 발행하는 신문 10만부를 우편으로 발송했다. 물론 대행업체가 있어 수수료를 지불하고 보냈지만 반송되는 신문과 주소변경 업무만 해도 만만치 않았다. 전화기는 늘 통화 중이고 때맞춰 나온 컴퓨터는 주소록 관리하느라 한가할 틈이 없었다. 전국에 있는 웬만한 동네 이름은 다 알게 되었다. 위치는 잘 모르지만 무슨 시 무슨 동이 어느 행정구역에 있는지 저절로 꿰게 되었다. 예산 업무뿐만 아니라, 직접 찾아오는 사람도 상담해야 하고 하루가 늘 분주했다.

초창기 한국방송통신대학의 경쟁률은 대단했다. 인기학과는 일등급

▲ 한국방송통신대학교 유아교육과 졸업식, 좌로부터 정연숙. 주혜자 언니. 나, 권정미 이종 언니

아니면 합격할 수가 없었다. 교수진도 서울대학교 교수들의 방송용 테이프로 학습하고, 한국방송통신대학 출판부에서 관리했다. 학보사 기자들도 모두 서울대학원생들이었다. 주간 선생님은 서울대 영문학과 이상옥 교수님이셨고, 업무부장님은 내 아버지와 동창생이셨다. 출판부와 학보사는 대학본부 수위실 앞에 있는 일본식 목조건물을 사무실로 사용했다. 목조 건물이라 항상 불조심을 해야 했다. 지금은 문화재로 보존되어 사용할 수가 없는, 내가 근무했던 5년 동안 정이 많이 든 사무실이었다.

그 앞에 있는 사시사철 푸른 커다란 향나무는 지치고 힘든 나의 마음을 어루만져 주는 피로회복제였다. 힘들어도 웃으며 동료들과 사진을 찍고 향나무와 함께 재잘재잘 이야기꽃도 피웠다.

직업군인 재학생이 많았는데, 어느 날 멋진 군복을 입은 소령이 주소변경을 하러 왔다. 주소변경을 마친 뒤 여러 가지 학적부 질문도 하더니, 부대가 강원도 인제라 애로사항이 많다고 한다, 그리고 잘 부탁한다며 인사하고 돌아갔다. 그 후 안부 편지가 오고, 출석수업일자나 리포트 제출 날짜, 학기 등록에 대해 문의하면 내가 도울 수 있는 일은 모두 도와주었다. 그러면 휴가 나오는 사병들에게 학적업무를 보내 일을 보게 하고 마음에 들면 사귀어보라고 보낸 사람이 몇 명 된다. 장교의 심부름으로 나왔다가 나를 만나면 내가 장교와 동일하게 보이는지 다들 멋쩍어 했다. 그럼 나는 때때로 밥을 사주기도 했다. 남동생만 줄줄이 있는 내게는 그들이 안쓰러워 보였다.

그러다 학보사를 그만두고 방송통신대학 부설 어린이집에 교사로 5년 근무를 했다. 결혼을 하고 외환위기를 맞아 김포에서 힘들게 살고 있을 때였는데, 어떻게 알았는지 그 소령에게서 연락이 왔다. '김포로 훈련을 가는데 그때 얼굴 한번 보자'고 하여 휘하의 중대장이 차를 운전하고 와 둘째 딸과 돌 지난 아들을 안고 점심시간에 만나 식사를 했다. 연락이 두절되고 나서 나를 찾으려고 무척 애를 썼단다. 학보사를 퇴직하였다 하여, 동숭어린이집에 연락을 해서 겨우 찾았단다. 앞으로 제대할 날도 얼마 남지 않았는데 사회에 나가면 무얼

해야 할지 모르니 내 남편이랑 의논도 하고 싶다며 연락이 끊기면 안 된다고 신신당부를 한다. 대령에서 더 이상 진급이 안 되어 제대를 해야 한단다. 그런데 우리 집이 경매로 넘어가 이사를 하는 바람에 또 연락이 끊기고 말았다.

1980년대 남동생이 인제 용대리로 군 입대를 했다. 향로봉이 있는 곳인데 낯설기만 한 곳에 면회를 가려니 교통이 무척 험했다. 그때 신병교육대장으로 있는 이분께 연락을 했더니, 중대장이 지프차에 동생을 태워 인제터미널까지 데려다주었다. 출판부에 근무하는 여군출신 언니와 함께 갔다가 밤새 이등병 동생의 술주정에 중대장도 언니도 나도 힘들었던 기억이 새롭다.

방송통신대학보사에 근무했던 5년은 나의 새내기 첫 직장이었고, 꿈과 희망이 가슴에 가득 찼던 때였다. 내 마음 먹기에 따라 공부도 얼마든지 할 수 있었다. 학비도 저렴했다. 난 근로장학생으로 장학금을 받아가며 공부할 수 있는 천국 같은 곳이었다. 봉급을 받아 어려운 집안에 힘을 보탤 수 있었고, 무엇이든 하면 되는구나 하는 자신감도 생겼다.

방송통신대학은 나에게 직장이면서 학교였다. 참 좋은 사람들을 많이 만나 인생을 논하고, 아직도 그들과 함께 인연을 맺고 있다. 일년에 한 번을 보더라도 어린 시절 소꿉친구 같은 느낌을 받는 건 서로에 대한 신뢰가 있기 때문이리라

한국방송통신대학의 무궁한 번영과 발전을 늘 기원한다.

내 삶의 울타리 법학과 종친회

이유 없이 나를 좋아하는 사람들의 믿음이 나를 행복하게 한다. 준 것도 없고 조건도 없이 그저 정현경이라는 사람 하나를 좋아하는 사람들의 모임이 법학과 종친회 사람들이다. 연일정가 포은 정몽주의 후손이라는 단순한 이유 한 가지로 모인 사람들이 이어온 세월이 35년이다. 내가 근무하던 한국방송통신대학 학보사는 대학본부에 있었고, 학교소식을 제일 먼저 전하는 곳이라 학사정보를 일반학생들보다 먼저 알 수 있는 장점이 있었다. 서울 종로구 대학로 마로니에공원 옆 동숭동에 있는 한국방송통신대학은 1980년대 내 젊은 20대를 함께한 곳이다.

1985년 법학과 출석수업을 하는데 정씨 성을 가진 사람과 나란히 앉게 되었다. 통성명을 하다가 어디 정씨인지를 말하는데, 두 사람 모두 연일 정가인 것이다. 항렬을 따지니 내가 한 세대 위라 고모가 되고 두 사람은 조카가 되었다. 나이는 나보다 두세 살 위였지만 깍듯이 고모로 인정해준 것이다. 나보다 세 살 많은 남자조카님은 서울이 집이고 형제만 있는 장남이었고, 두 살 많은 여자조카님은 안양에

▲ 한국방송통신대학교 법학과 졸업식, 좌로부터 정미숙, 정찬교, 나

살고 언니와 여동생, 남동생이 있는 둘째였다. 같은 혈족의 울타리 안에서 경쟁의 선을 없애고, 어려운 삶의 끈을 엮어 서로 격려와 응원으로 학업을 이어갔다. 사상과 이념이 난무하던 80년대의 대학로는 데모하는 학생들의 행군과 최루탄 가스냄새가 진동하던 시절이었다. 불확실했던 시대의 대학로, 종로구 동숭동 한국방송통신대학 법학과 교실에서 인연의 틀을 짜기 시작해 갖가지 삶의 무늬를 오늘까지 이어오고 있다.

낮에는 직장생활을 하고 밤에는 대학에서 야간수업을 받거나 카세트테이프와 교재로 스스로 공부하는 사람들이 방송통신대 학생들이었다. 직장이 없는 학생들은 도서관에서 취업공부를 하면서 서로 정보를 교환하는 것이었다. 정미숙 조카님은 새벽에 일어나 도시락을 싸서, 도서관으로 출근했다. 일찍 서둘러야 자리를 잡을 수 있었기 때문이다. 이 조카님은 도시락 하나로 밤늦게까지 공부하고 집으로 귀가하는 생활을 몇 년이나 했다. 법무공무원을 목표로 시험을 준비하여 졸업 후 합격하였고, 평생 법무공무원에 종사하였다. 이제 정년을 앞두고 있다.

장창교 조카님은 내가 학보사를 그만두고 대학부설 어린이집으로 이직하고 난 뒤 학보사 기자로 입사하였다. 방송통신대를 졸업하고 경희대 신문방송학과 대학원에 진학하여 신문사 기자생활을 했다. 이것저것 사업도 해보고 열심히 살았지만, 뜻대로 이루어놓은 일이 별로 없어 많이 안타깝다. 서울에서 부모님이 물려주신 집을 다세대주택으로 지어 부동산 임대사업을 하고 있다. 주변에 보증을 서달라는 유혹도 많이 받는다는데, 그나마 그런 일에 엮이지 않고 살아온 것이 다행이라 여겨진다.

결혼하여 각자 다른 지역에서 사느라 연락은 자주 못하고 살았지만, 이제는 아이들 다 키워놓고 집안의 애경사가 있을 때면 한 번씩 만난다. 늘 함께 있는 듯한 느낌이 시골 동창생들 같다. 지금은 육십을 바라보는 나이지만, 셋이 함께 만나는 날이면 우리는 20대로 돌아간다. 따뜻한 밥 한 끼 잘 먹여 보내려고 애쓰는 미숙 조카님과 울타리처럼 듬직하게 서 있는 창교 조카님의 모습은 시골풍경 같다. 내가 결혼하여 첫 집들이를 하면서 음식을 손수 만들어준다는 것이 냉면이었는데 국수처럼 삶았더니, 면발이 어떻게 되었을까? 맛있게 만들어주려던 냉면이 퍽퍽한 죽처럼 되었던 쑥스런 기억이 나는데, 두 조카님의 기억 속에 아직 남아있을까? 죽을 밥으로 만들어도, 밥을 죽으로 만들어도 아무런 말없이 먹어주었던, 친구 같은 조카님들이다. 가진 게 많지는 않아도 늘 따뜻한 마음의 소유자들이 내 주변에서 함께 한다는 사실만으로도, 내 삶은 미소의 향기로 가득하다. 청명한 가을 하늘을 바라보며, 생각나는 사람들에게 전화 한 통하고 싶은 하루다.

할머니의 혼불

바람이 서걱대는 산골마을의 동지섣달 추위가 한 노인의 삭은 삶을 내리훑고 있었다. 구십 평생을 살아오신 할머니의 삶만큼 서글픈 겨울바람이 집 앞뒤 뜰을 지나고 있었다. 앞마당의 산바람이 기와집을 지나 뒷마당의 댓바람을 흔들고 있었다. 1986년 설날이라 친척들이 모두 모였다. 아흔 넷이신 할머니가 위독하셔서 가족들이 모두 긴장되어 있던 때였다. 몇 년 전에 녹내장으로 개안수술을 하시고, 한쪽 눈으로 몇 년을 살아오신 것이다.

큰 숙모, 작은 숙모와 식구들이 모여 대청마루에서 저녁 식사를 하고 있었다. 밥을 먹다가 말고 나는 간장이 필요해 장독대로 가고 있었다. 그때 할머니가 누워 계시는 방에서 커다란 불덩이가 닫힌 창문 밖으로 날아가는 것이었다. 나는 그 광경에 깜짝 놀라 소리쳤다. "불이다."라고. 그랬더니 식사를 하던 숙모 두 분도 날아가는 불꽃을 보았다. 세상 사람들이 말하는 혼불을 본 것이다. 할머니의 혼불이 날아가는 것을 경이로운 마음으로 지켜보고 놀란 가슴을 어떻게 다스려야할 지 몰랐다. 할머니는 정신이 혼미한 상태 같았다. 아버지는

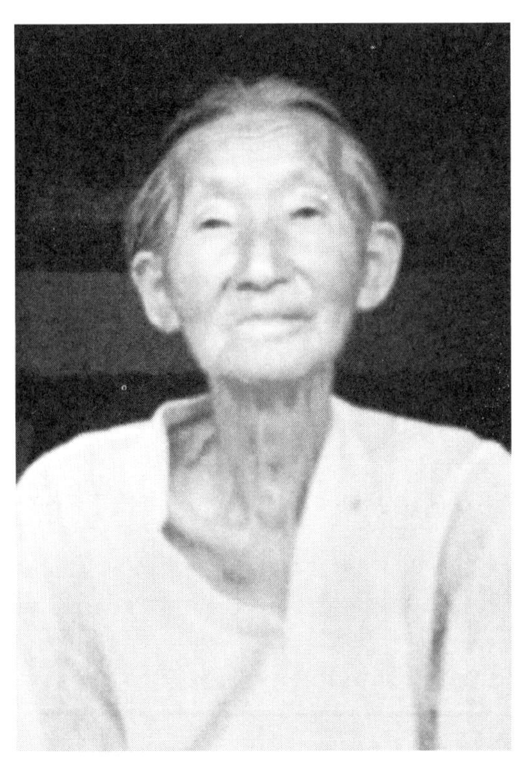

▲ 90세의 조칠교 할머니 모습

금강경을 틀어놓으시고, 식구들은 넋이 나간사람처럼 멍해져 있었다. 그리고 할머니는 3일 만에 돌아가셨다.

나의 할머니는 함안 조씨로 하동군 옥종면 월횡에서 청수마을의 우리 집으로 시집을 오셨다. 자랑을 하자면 청렴함의 대명사로 알려진 조무제 대법관의 아버지와 할머니는 사촌 간이시다. 내가 태어나서 서울로 직장을 다니기 전까지 할머니는 우리들의 커다란 울타리였다. 부잣집의 마님으로 살아오셨지만, 마음고생을 참 많이 하신 것 같았다. 할아버지의 야문 살림살이로 경제권이 없었고, 첫 딸을 낳고 아들을 낳기만 하면 죽어 마음의 상처가 깊었다 한다. 부처님 전에 빌고 빌어 겨우 우리 아버지를 두셨는데, 누님이신 나의 고모와 나이 차가 9년이다. 아버지의 생일은 칠월칠석이다. 그 후 할아버지는 작은할머니를 들이셨다. 우리 아버지에게 엄마가 많아야 좋다는 어느 사주쟁이의 말도 있었다 한다. 서울서 작은 할머니를 진주로 모셔왔고, 슬하에 1녀3남을 두셨다. 모두 할머니 자식으로 호적에 등재되어 계신다.

엄마가 돌아가시고 새엄마가 들어왔다. 할머니께는 잘 한다고 하셨지만 할머니를 앞에 두고 아버지와 험하게 싸우는 모습을 자주 보였다. 그래도 할머니는 누구한테 발설하지 않고, 밥상을 차려 며느리방에 들여놓아 주곤 하셨다. 더운 여름날 수건을 머리에 얹고 마당에 있는 풀을 뽑기도 하시고, 시간만 나면 책을 읽으시고, 우리들에게 이야기도 많이 해주셨다. 집안일 돌보는 사람들에게도 싫은 소리 한마디 하지 않으시고, 조용히 지켜보며 그들의 말을 경청해주셨다. 남의 말을 절대로 옮기지 않으시고 험담하는 모습을 보이지 않으셨다. 그 큰살림에 그 많은 사람들을 거느리고 아무 일 없으신 것처럼 살려니, 속은 얼마나 탔으랴. 팔순 둘에 며느리를 저세상에 보내고, 7살, 9살, 10살, 12살, 21살 어린 손자들만 들썩거리는 모습을 보고 얼마나 기가 찼으랴?

가난했던 시절 사람들은 먹을 것이 없고 물자가 풍족하지 않았다. 우리 집 살림살이가 알게 모르게 새어나가고 있었다. 엿장수들은 우리집 고물을 엿으로 바꾸어주었고, 고물상은 보물단지들을 가져가는 대신 새로운 물건으로 바꾸어주었다. 세상물정에 어두운 할머니는 새로 나온 예쁜 꽃무늬가 그려진 유리잔을 호리병 도자기꽃병과 바꾸고, 아버지는 정치를 한다 하다가 선거 며칠 전에 사퇴하시고, 잠깐

▲ 할머니의 장례를 치르던 날

돼지를 사다가 축사를 지어 양돈을 하기도 하셨다. 돼지를 팔아야 하거나 잡아야 할 때는 집을 비우고 멀리 가계셨다. 뒷일은 집안 아저씨께 맡기고 도축되는 돼지도, 팔려가는 돼지도 마음이 아파 볼 수가 없다는 것이 이유였다. 이렇게 점점 기울어져 가는 살림살이는 정부미를 사 먹을 것까지 걱정해야 하는 상황이었다.

새엄마도 싸웠다 하면 짐을 싸서 부산 친정으로 가곤 했다. 엄마 없는 빈자리의 시간을 늘 따뜻하게 감싸 안아주신 할머니가 설날을 앞두고 많이 편찮으셨던 것이다. 어린 손자들을 두고 가는 길이 얼마나 힘들었을지 나는 가늠조차 할 수 없었다. 온갖 세상 설움을 속으로만 삼켰을 할머니가 편안히 영면하시길 간곡히 빌었다. 가시는 마당에 세상 헛되이 살지 말라고 귀한 혼불을 보여주고 가셨을까? 이 생이 다가 아님을 알려주려 하신 걸까? 나는 살면서 많은 생각을 한다. 저 세상에 가서 후회하지 않게끔 양심에 어긋나는 일은 하지 않도록 해야겠다고 늘 조심한다.

최근에 영가를 모시는 지인을 알게 되었다. 이런저런 이야기를 하다가 나는 "보이지 않는 손의 도움을 많이 받고 살아온 삶이고, 뭔가 모를 수호천사가 나를 돕는 것 같다."고 했더니, "아직도 그걸 몰라." 라고 한다. 그래서 "누군데?"라고 물었더니, "할머니지, 할머니!"라고 말한다. 그 말에 갑자기 지난 시절이 주마등처럼 스치며 내 온 몸을 훑고 지나간다. 눈물로 마음이 먹먹해진다. 집안을 건사하기 위해, 당신의 마음 아픈 아들을 위해 나를 도운 건 아닌지 모르겠다. 2019년 올해 여든여덟이신 나의 아버지를 잘 모시라는 부탁 같다. 팔순에 하반신 마비로 입원하셔서 1년 동안 병원치료를 받으시고 1년 동안 요양병원에 계셨다. 아버지를 요양병원에서 우리 집으로 모셔온 지 7년째다. 아버지를 모시고 살면서 경제적인 어려움의 어둠이 하나씩 벗겨져갔다. 보이지 않는 손의 도움이 확실히 있었던 것 같다.

일곱 살이던 어린 손자(남동생)도 이젠 나이를 먹어 쉰둘이 됐다. 혼자 사는 법을 배워 밥은 먹고 사니 걱정하지 마시고, 폐암으로 투병하고 있는 손자 한 번 더 쾌유하는 기회를 주세요. 기울어져가는 집안이 일어나도록 최선을 다할 테니, 모든 걱정일랑 거두시고 이제는 편히 쉬소서. 우리 모두는 할머니의 사랑이 밑바탕이 되어 오늘

여기까지 어려움을 이기고 왔습니다. 그동안 한 번도 못했던 말! "사랑합니다, 할머니!"

아낌없이 주는 나무 나의 이모님

품격이 있는 어른의 날개 안에서 보살핌을 받는다는 게 얼마나 고마운 일이었는지 어른이 되어보니 알 수 있었다. 생의 어려움을 만날 때마다 잘 이겨낼 수 있는 힘은 당신의 지극한 사랑이었다, 지금 생각하니 감사함에 그리움이 솟아난다.

늘 긴장하고 매사 흐트러짐 없이 행동하고 자신을 성찰해야 하는 시간들이 그때는 힘겨웠지만, 지나고 보니 사람으로 사는 바른 정신력을 기르는 과정이었음을 뒤늦게 깨달았다. 사랑을 말하라고 하면, 나는 사람을 차별 없이 사랑하고 가신 나의 수호신 같은 이모님을 꼽으리라. 그분은 내게 '아낌없이 주는 나무'였다.

나의 외가는 경남 산청군에 있는 남사마을이다. 외가 가족이 사시던 집은 예담촌 최씨 고가(古家)로 지정된 경상남도 문화재이다. 간혹 대중매체에도 나오고 예담촌에서 문화행사도 한다. 어머니의 형제는 외삼촌 두 분과 이모 두 분, 그리고 막내인 나의 어머니까지 5남매이시다. 외할아버지는 나의 엄마는 천복을 타고 났다고 무척 좋아하셨다 한다. 외할아버지의 맏며느리는 합천군 만석꾼 집안의 따님이셨고, 막내따님이신 우리 엄마는 하동군의 제일 부잣집으로 시집을 보내셨다. 하지만 우리 엄마는 아쉽게도 43세로 제일 먼저 세상을 떠났다.

외삼촌과 이모들은 막내 동생과의 사별을 많이 안타까워하고 우리 4남1녀를 늘 아픈 맘으로 지켜주셨다. 그중에서도 딸인 내가 제일 많은 보호를 받고 살았다. 이모에게는 내가 아픈 손가락 같은 존재였으리라. 엄마가 돌아가시기 전까지는 이모와 외삼촌들 뵌 기억이 거의 없었다. 외삼촌과 이모는 서울에 살고 계셨다. 엄마도 서울서 이모의 보살핌으로 몇 년간 투병하시다가 집에서 임종을 맞으셨다.

외사촌 언니와 함께 처음으로 우리 집에 이모님이 오셨다. 엄마 돌아가시고 다음해인 초등학교 6학년 때였다. 엄마 산소를 찾아오셨는데 그때가 이모님을 뵌 첫 기억이다.

진주에서 고등학교를 다닐 때에 이모는 옷이며 용돈을 외사촌 언니를 통해서 보내주기도 했다. 1982년 3월 서울에 취직이 되어 이모집으로 갔다. 이모 집은 정원이 달린 2층 양옥집이었고 가사도우미와 운전기사가 있었다. 낯선 도시에서 낯선 가족들과 지내며 새로 들어간 직장생활이 힘들고 버겁다고 느끼던 그 시절, 소소한 것 하나하나 가르쳐 주시는 이모의 사랑과 엄격함은 한시도 긴장을 놓을 수 없었다. 지리산 자락 하동 시골에서 순수하게 자란 나의 진달래 같은 삶은 서울이라는 거대한 도시의 화려함에 짓눌려 어떻게 살아야하는지 갈피를 잡을 수가 없었다.

▲ 나의 이모님과 이모부님

직장생활을 하면서 나는 한국방송통신대학을 다녔다. 집과 직장만 왔다 갔다 하며 울타리 같은 생활을 하였지만, 시간은 흘러 대학도 졸업하고 돈도 벌었다. 곗돈 200만원을 탔을 때 나의 첫 종자돈은 이모의 권유로 아버지의 농협 대출을 갚는데 쓰였다. 한 달 봉급이 13만원이었는데 2년 동안 200만원을 저축했으니 내가 먹고 입고 자는 것은 모두 이모가 충당해주셨다. 점심도시락도 싸주셨다. 이종언니와 이종올케언니들의 고운 옷과 예쁜 가방들을 물려받았고, 근검절약하며 집안에 보탬이 되게 하셨다. 서울이란 도시에 적응되고 있는 내가 신기하기도 했다. 반복되는 일상이 이런 결과물을 낳고, 그럴 때마다 장하다고 칭찬하고 격려해주셨다. 하지만 늘 조용하신 모습으로 차근차근 말씀하시는 이모 앞에서 나는 언제나 긴장되었다.

내가 결혼하기 전까지 약10년 동안 나는 이모님의 삶을 아주 찬찬히 지켜보았다. 어렵고 힘든 사람을 보면, 그 사람 사연을 충분히 들어 보시고 해결책을 함께 모색해주셨다. 결코 자신의 손해득실을 계산하지 않으셨다. 파출부로 오시는 분들의 아픈 사연도 허투루 듣지 않으시고 아픈 자식이 있으면 병원을 알아봐주시고 취직 못한 자식이 있으면 어디든 알아봐 취직을 시켜주셨다. 이런 일을 늘 소리 없이 절대 생색내지 않고 조용히 처리하신 분이었다.

이모님은 학벌도 없고 미모도 없으신 자그마한 체구의 수수하신 모습이신데 상대방을 압도하는 힘은 어디에서 나오는지 알 수가 없었다. 늘 조용조용 말씀하시고 큰소리 한 번 내보인 적도 없으셨다. 종갓집 맏며느리로서 살림살이에 소홀함도 없으시고 시집식구, 친정식구 한결같은 마음으로 챙기시고도 아무렇지도 않은 듯 당신의 노고를 숨기셨다. 밤하늘에 떠 있는 보름달마냥 미소가 분화구인양 허허 웃기만 하셨다. 아무에게도 말하지 말라는 당부까지 하시면서 아픈 상처를 토닥거려주셨다.

나는 보석이나 명품에 별 관심이 없다. 결혼반지도 다이아가 가짜였지만 별로 신경 쓰지 않았다. 기분이 나쁘지도 않았다. 그냥 결혼기념 보관용이라 생각했다. 아이들을 돌보는 어린이집 교사라 반지를 끼고 다닐 수도 없었다. 그것이 마음 아팠는지 아니면 당신이 떠날 준비를 하실 때가 되었다고 생각하셨는지 순금에 싸인 다이아반지를 내게 선물로 주셨다. 아무에게도 말하지 말라는 말씀과 함께 이것저것 챙겨주셨다. 노랗게 빛나는 링에 빤짝이는 다이아가 박힌 반지를 몇 번 끼고 으쓱한 기분을 내봤지만 지금은 깊숙한 곳에 갇혀있다. 생활고에 시달릴 때 팔아볼까 하는 생각도 몇 번했으나, 간직하고 있어야 할 것 같아 아직 가지고 있다.

늘 곁에 있을 것만 같던 나의 이모님도 세월 흐르니 엄마 곁으로 떠나고 이젠 그리움의 향기만 남았다. 어렵고 힘들 때 힘내라고 꿈에 나타나 수호신처럼 한 번씩 얼굴 보여주고 가신다. 내 어머니는 하늘나라 가신 후 한 번도 꿈에 나타나지 않으셨다. 그런데 1년 동안 병원에 누워 산소호흡기로 숨만 쉬다가 가신 나의 이모님은 가끔 꿈속에서 만난다. 밝은 모습으로 의관정제하고 오셔서 맑은 계곡 숲에서 만나면 이 세상에 살고 있는 자손들을 걱정하신다. 고난과 시련이 닥쳐올 때마다 내가 꿋꿋하게 이겨낼 수 있는 저력도 '하늘이 무너져도 솟아 날 구멍이 있더라.', '세상에 죽으라는 법은 없다.'라는 이모님 가르침과 권면의 말씀 덕분이다. 오늘도 살아생전의 말씀들이 귓가를 맴돈다. 내 삶의 롤모델이 되어주신 나의 이모님께 항상 감사드린다. 이 세상 걱정의 끈 모두 잊고 이제 편히 영면하소서.

메별 같은 판도라 상자를 열다

보고픔이란 아쉬움 남기고 떠난 바람 한 점도 그리움 되어 때때로 날아오는데, 한 번 가버린 그리운 이는 다시 돌아올 줄 모른다. 버거움 가득한 물독은 비우기까지 가벼워질 수 없으니, 너의 마음과 나의 마음이 그리도 건널 수 없는 강이었더냐! 존재는 버겁고 부재는 그리우니, 무거움 내려놓고 고마움으로 비워내면 나도 그리운 이 만날 수 있을까?

인연은 따로 있나 보다. 인연이란 씨실과 날실의 망으로 짜인 연줄이 아니면 면이란 공간을 형성할 수 없고, 가족이란 울타리를 칠 수도 없다. 문득문득 생각나는 사람이 있다. 준 것도 없고 받은 것도 없지만 하늘을 가릴 만큼 유독 미련이 남는 사람이 있다.

내 나이 57세에 바라보는 20대! 그 싱싱함만으로도 어여쁘고 생기 넘치며 활기차 보이는 나이다. 나의 20대도 지금의 20대 못지않게 팔팔하고 할 일 많고 활기찬 나날이었다. 하지만 고민이 참 많은 시절이었다. 집안걱정, 대학원진학, 돈벌이, 결혼고민 등으로 머릿속이 적잖이 무거웠다. 돈을 벌어 집안을 도와가면서 학교를 다녀야 했으니, 대학원에 진학하느냐 마느냐는, 내가 결혼을 할 것이냐 아니냐를 판가름하는 갈림길이기도 했다. 결혼자금으로 대학원엘 갈 것인지, 결혼을 할 것인지가 20대의 큰 고민이었다.

결혼을 전재로 선을 수십 번은 본 것 같다. 하지만 결혼하자며 손바닥을 마주칠 사람을 만나지 못했다. 마음에 와닿는 푸근한 사람도 있었고 결혼하자는 사람도 있었지만 모두 성사되지 않았다. 내 안에 능력미달의 연애 유전자가 있는 것인지, 남자들에 대한 호기심이 별로 없었다. 워낙 남자 많은 집안에서 자라서 그랬을까. 선을 보고 다니면서 생각하는 것이 어떻게 하면 자수성가할 사람을 찾아 허물어진 우리 집안을 일으켜 볼까 하는 생각뿐이었다.

나는 대학신문사에 근무를 했고, 이 대학의 총장이 나의 이모부셨다. 이모부의 차를 타고 학교 수위실 200미터 전에 내려서 출근을 했다. 시간이 지나니 내가 총장의 처조카라는 사실을 아는 사람들이 많았다. 그래서 나를 좋아하던 사람들이 나를 좀 경계하기도 하고, 나를 대접하기도 하였다. 나는 매사를 더욱 더 조심하여 이모부의 체면에 손상이 가지 않도록 행동했다. 그러니 아는 사람의 소개로 누구를 만나면 정신적인 부담이 컸다.

25살에 우연히 지인의 소개로 공인회계사 공부를 하는 고시생을 만나게 되었다. 군대도 카추샤(KATUSA)를 다녀왔고, 호감이 가는 사람이었다. 부모님은 이북사람으로 대전에서 사업을 하고 누나와 동생이 있는 30살의 장남이었다. 간간이 만나 직장동료 언니와 함께 2

▲ 친구와 설악산을 종주하다, 좌로부터 최혜옥, 윤정남, 나

인 1조로 탁구를 쳤다. 게임 후엔 저녁도 먹고 차도 마시고 이야기도 나누었다. 그러다 빠듯한 나의 귀가시간에 맞춰 헤어질 때면 무척 아쉬움이 남았다. 그렇게 3개월을 만났을 때, 치과 스케일링 예약으로 만나자는 약속을 지키지 못했다. 그리고 선도 봤다. 이때부터 나의 확고하지 못한 행동에 불신감이 생겼는지, 연락이 오지 않았다. 나의 초조함은 이때부터 시작되었다.

몇 달 후 고시원으로 전화를 하여 겨우 통화를 하게 되었다. 내가 먼저 퇴근 후 만나자고 했다. 오작교라는 찻집에서 부스스한 그의 모습을 보고, '어떻게 연락을 안할 수 있느냐'고 따지듯 투정도 부렸다. 중요하지도 않은 스케일링 예약을 취소 못하고 약속을 거부한 나를 이해할 수 없단다. 그래서 결심했단다. 공부에만 전념해야겠다고. 오늘도 안 나올 것인데 잠이 덜 깨 나왔다 한다. 헤어지고 난 후 몇 달을 앓았단다. 이제 정신 차리고 공부만 하기로 결심했단다. 그러니 이제 만나지 말자 한다.

그러면서 마지막으로 나의 결심을 테스트한다. 부모님 집이 대전인데 밤차 타고 함께 갈 수 있겠느냐고 묻는다. 나는 그것마저도 할 수 없다고 했다. "말도 안 되는 소리를 하나?"며 결단을 내릴 수가 없었다. 밤중에 집에 안 들어가면 우리 이모가 기절하실 텐데, 어떻게 그런 대형 사고를 칠 수가 있단 말인가. 조금만 귀가 시간이 늦어도 일일이 해명을 해야 한다.

결국 '가까이 하기엔 너무 먼 당신'이라는 유행가 구절을 남기고 돌아선, 그의 확고한 모습에 소름이 돋았다. 그렇지만 '이게 다 장난일거야.'하며 스스로를 위안했다. '그래 잊어버리자.'하고 돌아서는데, 눈물이 주르륵 흘렀다.

그 후, 한 번도 본 적이 없는 동생이 근무하고 있는 학교로 전화를 해 집주소를 알아내어 편지도 보냈다. 내 지적 능력을 다 동원해 연락하는 방법을 모색해 봤으나 소식은 없었다. 내가 무엇을 그리 잘못하여 퇴짜를 맞은 것인지 알 수가 없었다. 그리고 3년 동안 내 맘 속에서 그는 하루도 빠져 나가지 않았다. 잊기 위해 산으로 강으로 다녔지만, 그는 늘 그림자처럼 나를 따라다녔다. 나도 복수를 당한 것마냥 말할 수 없는 슬픔을 앓았다. 뼈마디마디에 숨쉴 수 없는 통증이 박히는 것이었다. 그 누구로부터 한 번도 퇴짜를 맞아 본 적이 없었던 나의 교만이었을까? 그리고 나는 친구의 중매로 결혼을 했다.

이젠 얼굴도 목소리도 생각나지 않지만 이름 석 자만 남아있다. 같은 이름만 봐도 덜컹 가슴이 내려앉고, 혹시 바람결에라도 소식이 들릴까 궁금했다. 하지만 무소식이 희소식이라지 않던가?

비록 천생연분의 인연은 맺지 못했지만, 폐별 같은 인연이라도 어디에선가 잘 살고 있기를 바란다. 삶이 뜻대로 이루어지지 않았다 하더라도 마음만은 '생각나는 한 사람이 있어 행복했노라.'며 생기 있게 그가 살아가길 빈다. 나 또한 이런 아릿한 추억이 있어 괴로웠지만, 풍요로운 삶의 여정을 살 수 있어 행복한 꿈을 꾼다. 긴 삶 속에 수놓은 책갈피 속 추억의 한 페이지가 아닐까?

30년 동안 마음 밑바닥에 앙금처럼 가라앉아있던 늦깎이 첫사랑의 미련을 판도라 상자에서 끄집어냈다. 원석도 세공을 해야 보석이 된다. 잠자고 있던 첫사랑이란 가락지를 이제 끼워도 되겠지. 그 사람이 나의 첫사랑이었다는 걸 알면 그도 놀라워하지 않을까?

웰다잉 교육과 동생의 죽음

햇빛에 빛나는 모래알만큼 밤하늘에 빼곡히 박힌 은하수를 보고 있다면, 거긴 분명히 오지일 것이다. 푸른 별나라에서 오작교를 타고 로켓처럼 날아다니는 우주인으로 산다는 것은 즐거운 삶이다. 인생은 파도타기와 같아서 등 너머로 밀려오는 갯바람 같은 것이다. 등대 같은 길잡이가 있다면 한눈팔지 않고, 난 그길로 갈 것이다. 잘 산다는 것은 잘 죽는다는 것이기 때문이다. 어디서 온지 모르고, 어디로 갈지 모르는 것이 사람의 삶이다. 하지만 분명한 건 태어날 땐 내가 울고, 사망할 땐 타인이 운다는 것이다. 우리가 분명히 아는 죽음 세 가지는 반드시 죽고, 누구나 죽고, 아무것도 가져 갈 수 없다는 것이다. 죽을 때 모르는 세 가지는 언제, 어디서, 어떻게 죽을지 모른다는 것이다. 아름다운 삶, 아름다운 마무리로 모두를 용서하고 화해에 이르는 것이 웰다잉의 목표다.

진천에 이사를 와서 웰다잉심리상담사 1급과 노인통합교육지도사 1급의 자격증을 받았다. 연명의료에 대한 공부도 많이 했지만, 정작 내 동생에 대한 지도는 할 수가 없었다. 동생에게 유언장을 쓰라고 해야 했는데, 내가 혈육에게 말하기는 너무나 잔인한 말 같아 입이 떨어지지 않았다. 그런 가운데 동생을 떠나보내야 했다. 막상 일을 당하고 보니, 동생이 결혼을 하지 않아 절차가 매우 까다로웠다.

동생이 훅하니 바람처럼 가버리고나니 뒷수습이 막막했다. 사망진단서를 떼어 장례를 치르고, 사망신고를 하고 상속에 대해 알아보고 해야 할 일들이 많았다.

나는 웰다잉교육을 받아 죽음이라는 공포에서 어느 정도 벗어날 수 있었다. 동생에게 위로의 말도 전할 수 있었다. 화장터에 가서도 "육신은 껍데기이니 놀라지 마라. 입었던 옷을 벗어 놓는다고 생각하고, 너는 꽃구름 타고 놀아라. 이제 아픔도 고통도 없는 나라에 갔으니 훌훌 털고, 맑고 밝은 영혼으로 창공의 꽃구름 타고 놀다가 네가 왔던 곳으로 가서 대접 받고 살아라. 너는 분명 대접 받을 자격이 있을 것이다."라고 속으로 기도처럼 말했다.

웰다잉교육의 힘으로 너를 보내고 나니, "이제 나도 내가 무엇을 먼저해야하는지 알겠구나. 유언장을 필히 써서 간직하고, 연명의료의향서도 장기기증 문제도 생각해 봐야겠구나. '저세상이 얼마나 좋으면 갔다가 돌아 온 사람이 한 명도 없을까?'했는데, 보내는 자의 슬픔은 어디서 멈출지 모르겠구나." 부모가 돌아가시면 하늘의 별이 보여도, 형제가 죽으면 별이 보이지 않는다 한다. 웰다잉 교육을 함께 받은 지인이 영가를 모시고 있어, 그분 집에 동생을 잘 부탁한다며 데려다놓았다.

죽음이라는 거울

눈 감으면 저세상, 눈뜨면 이 세상,
기 빠지면 저세상, 기차면 이 세상
숨 멈추면 저세상, 숨 쉬면 이 세상

눈 뜰 수 없는 아픔 시름에 겨워서
기 빠진 환영 속에 날개 접고 엎드려니
죽음은 아른거리며 내 곁으로 다가오네

노년의 아버지

아무도 봐 주는 이 없는 밤하늘에 빗방울이 후두둑후두둑 흩뿌린다. 지난밤 일기예보에 새벽 3시에서 6시 사이에 폭우가 쏟아질 거라더니 용케 맞아떨어진다. 빗소리에 잠이 깼는지 새벽에 눈을 떠 빗소리를 듣고 있자니 한 풀 꺾인 노년의 늘어진 노랫소리 같은 여름비가 새벽을 깨우고 있었다.

어제만 해도 푹푹 찌는 더위에 습도가 높아 치솟는 불쾌지수가 옆사람에게 톡 터질 것 같더니 한 줄기 쏟아지는 빗줄기로 말복을 지나온 듯 시원해졌다. 여든일곱이신 아버지는 밤새 화장실을 왔다 갔다 하시더니 화장실 불을 끄지 않아 환풍기 도는 소리가 밤의 정적을 깨운다. 어차피 빗소리에 잠을 깼으니 일어나 불을 끄고 빗방울 연주소리를 더 듣기로 한다. 아버지에 대한 염려도 잠시 놓을 수 있었다. 엄마와 사별하신지 43년, 새어머니와 별거하신지 30년, 아버지는 중년 이후부터 수도승 같은 생활을 하셨다. 1932년 고향 하동에서 천석꾼 집안에 귀한 아들로 태어나셨고, 암울했던 시대의 격변기를 그대로 체감하신 분이다. 해방전후와 전쟁의 시대를 겪으시고 척

박한 경제사정을 눈으로 보셨어도, 밥 굶는 고통을 당해 보지 않으셨으니, 진정한 어려움이 무엇인지 아직 모르시는 분이시다.

1932년생이신 아버지는 대학을 다니셨다. 아직도 공부라면 손을 놓지 않고 열심이신데, 나를 위한 공부만 하시지 누군가에게 기여하기를 원하지 않으신다. 집안의 내력을 생각하신다면 장손으로서 가족을 위하고, 사회를 위해서 무언가를 하셨어야했다. 증조부의 의병장 활동을 훈장으로 받아놓으시고, 조부의 재력을 지켜 키워나가야 했는데, 어쩐 일인지 세상살이에는 관심이 없으셨다. 자본주의사회의 지주는 소작농의 노동력 착취로 부를 더 키워 나갈 수밖에 없다며 세상의 재물에 관심이 없었다. 힘들고 고통스런 사람들을 외면하지 않았고, 아낌없이 도와주고 돌아서면 잊어버리는 그런 분이셨다. 팔순이 가깝도록 기력도 좋으셨기에 진주에서 양주까지 왔다 갔다, 마치 도깨비처럼 수시로 우리 집을 다녀가셨다. 힘들다는 말씀도 없으시더니 이젠 두문불출 바깥나들이도 하지 않는다. 어쩌다 햇빛 한 번 쐬고, 목욕하러 가시고, 혼자서는 걸을 수도 없어 워커에 의존해 실내만 왔다 갔다 하며 운동을 하신다. 어쩌다 사위와 손자들이 모두 모이면 외식하러 나갈 때가 유일한 아버지의 외출이셨다.

아버지 발병은 팔순 때 갑자기 찾아온 희귀병으로 머리에 혈관이 막히면 뇌졸중인데 다리에 막혀 하반신 마비가 왔다. 병원에서 2년, 다시 요양병원으로 옮겨 재활치료를 받으시다가 마침 1층 빌라로 내가 이사를 하면서 아버지를 집으로 모시게 되었고 벌써 5년이 흘렀다. 여러 장애를 앓고 계시지만 정신은 온전하시니, 요양병원에 계시면 정신적으로 고통스러울 것 같아 우리 집으로 모시고 왔다. 황금 같은 젊은 시절엔 세상물정 모르고 시대의 흐름과 역행하며 노장사상에 물들어 현실감각도 없으셨다. 오로지 나만 알고 나만 위하고 나를 위한 삶이었다. 가족을 돌보는 게 가장의 의무라는 것을 알기는 하시는 건지, 아버지는 늘 남의 아픔이 먼저였고 다른 이의 어려움이 먼저였다. 하물며 해충도 살생이라고 생각하시는 아버지는, 어느 해 여름 외손자가 모기에 물렸는데 그 모기가 벽에 있는 걸 보고 "할아버지, 모기 저기 있는데 잡아줘요."라고 했더니 "저 모기 수놈이다. 수모기는 물지 않는다."라며 천연스럽게 피해가시던 아버지는 마치 순진무구한 유치원생처럼 맑기만 하셨다.

경제관념과 현실감각이 무딘 천석꾼 아버지의 살림은 삼베바지에 바람 새듯 어디로 새는지도 모르게 사라졌다. 내가 본 아버지는 반듯하게 일생을 사신 것 같은데, 이제 남은 거라곤 아픈 육신과 4남1녀 자식뿐이다. 자식들은 잡초처럼 살아왔어도 부모님을 모시는 것을 당연한 이치라는 생각으로 살아왔고, 착하고 심성 좋은 유전자를 물려받은 동생들도 힘들게 돈 벌어 아버지 병원비를 충당해왔다. 그런 자식들에게 고마움을 아시는지 모르시는지 '당연히 그래야지'하는 아버지를 내 아버지니까 당연히 그러려니 했었다. 그런데 공장에서, 건설현장에서, 힘든 일을 하는 아들들이 조금이라도 안쓰럽다는 생각을 해 주시면 얼마나 좋으랴. 한번쯤이라도 '애쓴다, 고맙다'라고 말해주시면 얼마나 힘이 날까. 하지만 실명한 가물치 어미마냥 자식의 도리라고만 생각하시는 모양이다. 12살에 엄마를 여읜 자식은 연어의 모정이 그리운 것이다. 5년의 세월이 흐르니 슬그머니 나도 역정이 나기도 한다.

그런 아버지는 아직도 당신의 몸이 조금만 아프면 인상을 쓰시고 '아이구'를 연발하신다. 그러면서 주사 한 대 맞는 것도 벌벌 떠신다. 엊그제, 다니던 병원을 가는 날이다. 정기검사를 받고 약을 처방받고 석 달 전 검진했던 결과를 보는 날이기도 했다. 결과는 암수치가 많이 올라가 있어 큰 병원에 가서 검사를 해야 한단다. 수술 후 암수치가 0%라고 해서 이제껏 안심하고 5년 동안 잘 지내 오셨는데, 수치가 13%로 올랐다며 다시 검사를 해야 한다니 기가 막힐 노릇이다. 안 그래도 고혈압에 통풍, 전립선암, 척추협착증과 부정맥, 대소변장애에 좌골신경통까지 앓고 계신 수많은 질병에도, 늘 '잘 견뎌주셔서 감사하다.'는 마음으로 살아왔는데, 혹시 전립선암이 재발되었나 싶어 앞이 캄캄해진다. 공연히 병원 측에 대고 '검사결과가 좋지 않으면 미리 알려 줘야 하는 거 아니냐?'고 항의를 하고 열을 내니, 평상시 100이던 내 혈압이 140까지 오른다. 평정심을 잃었던가 보다.

과하게 신경 쓰지 않고 편안하게 모신다고 자신했었다. 아버지 모시는 것쯤은 하나도 힘들지 않다고 생각했는데, 실상은 아니었나 보다. 원하시는 식단을 준비만 해놓으면 알아서 잘 챙겨 드셨다. 건강관리도 스스로 잘 대처하시는 것 같아 안심했는데, 암수치가 올랐다는 말에 절망하시는 걸 보니 내 마음이 무겁다. 큰 병원에 목요일 특진 예약을 해놓았는데 하룻밤 주무시더니 당장 배가 아파 못 견디겠다고 병원가기를 재촉하신다. 급히 검사를 받으니 소변에 염증이 많아서 그럴 수도 있고 암이 재발해 그럴 수도 있으니 검사결과를 보고 치료를 하자고 한다. '그래, 염증일 거야. 이 더운 여름날 자주 씻질 않아 생긴 염증일 거야.' 설령 암이 재발했더라도 '나이가 들면 전이가 늦다.'고 했으니 '그리 심각하지는 않을 거야.'라 위안을 하며 결과를 기다린다.

늘 120까지 살 거라는 아버지에게 "아부지, 나는 그때까지 못 살아. 누굴 고생시키려고?" 마음보다 입이 먼저 말해 마주보고 웃지만, 미운 마음보다 사실 걱정이 더 앞선다. 최소 120살까지 사신다는 아버지를 위해 나는 아버지보다 하루라도 더 살아야 하는데, 걸핏하면 병원신세를 진다. 마음 착한 아들들이 있지만, 마음이 더 쓰이는 건 어쩔 수 없다. 사람의 일생은 노년이 편해야 하는데, 노년의 아버지에 대한 우려를 떨칠 수가 없다. 더운 여름날의 시원한 빗줄기가 이 모든 시름을 씻어가길 빌어본다.

가을 잠자리

정현경 父 정찬화 지음

겨울이란 죽음을
눈앞에 두고
잘도 노는구나
가을 잠자리

노자를 읽었느냐
장자를 배웠느냐
자연에 맡겨두고
걱정이 없네

꽃 피면은 져야 하고
오며는 가야 하니
인생회한이 만 리 정이로구나

비가 좋아요

아침에 눈을 뜨니 5시 30분, 귀를 기울이니 낙숫물 떨어지는 소리다. 잠이 덜 깬 뇌 의식 속에서 어젯밤 보았던 댓돌 위의 신발들이 생각 나 얼른 문을 열고 내다보니 바람 한 점 없이 고요한 채 얌전히 비가 내리고 있다. 댓돌 위에 흩어져 있던 신발들도 무사해, 다행이다 싶어 신발을 모두 거실로 옮겨 놓았다. 대문 없이 넓은 나의 오래된 이층 양옥집의 가난한 아침이 비와 함께 새벽을 열고 있었다.

아들 친구 세 녀석이 여름밤을 즐기다 돌아와 자고 있었으니, 우리집 식구 다섯에 덧 대어놓으니 여덟 명 신발이 그득하기도 하다. 문을 열고 아이들 자는 방을 들여다보니 이불 따로 몸 따로 신발 흩어 놓은 것처럼 잠에 취한 모습이 어수선하다. 딸애들이 자는 방 창밖으로 커다란 은행나무가지가 작은 빗방울에 춤을 추듯 흔들거린다. 나뭇잎은 바람이 없어 심심한 모양이다. 나무는 가만히 있고자 하나 바람이 그냥 두지 않는다더니 가만히 '얼음'하고 있는 나무는 멋이 없다. 부동자세로 서 있는 나무는 웅장함도 시원함도 없어 보인다.

바람 없는 공중에 파문 없이 서 있는 커다란 은행나무 잎은 빗물로 세수하고 단장한 새색시처럼 긴장하고 서 있다. 답답한 마음에 시원한 한 줄기 바람이 불어준다면, 막힌 가슴이 뻥 뚫릴 것 같다. 우리네 일상도 무겁게 가라앉은 이 분위기처럼 변화가 없다면, 얼마나 심심한 삶일까. 아무 일없이 자고 먹고 배설하고 변함없는 일상만 계속된다면, 새장에 갇힌 새처럼 세상살이 참 재미없을 것 같다. 세상을 살다보니 좋은 일보다 괴롭고 힘든 일들이 많아도 자연의 변화를 보며 더 큰 위안을 얻기도 한다. 온통 고통의 시간이었어도 나이 듦이 가져다주는 생각의 변화에 삶을 대하는 시야가 달라지는 것이다.

비만 내리고 바람이 없으니 후덥지근하기가 극에 달한다. 여름소나기가 더위를 식혀주고 시원하다지만 바람이 없는 비는 짜증만 불러와 갑갑해진다. 바람이 조금만 불어 준다면 얼마나 시원할까. 팔랑거리는 초록잎사귀의 춤사위는 또 얼마나 마음을 설레게 하고 아름다울 것인가. 나무는 바람이 불어야 뿌리를 더욱 깊게 내리고 사람은 세파에 시달려 봐야 위기에 대처할 자생력이 생긴다. 비 오고 바람 부는 날을 예찬하다가 다른 사람들로부터 핀잔을 받기도 하지만 그래도 때로는 같은 감성을 지닌 사람을 만나 기쁠 때도 있다. 대부분 사람들은 비를 싫어하는 것 같아 비를 좋아하는 내 마음을 드러내기가 조심스러워진다.

장마로 인한 고도의 습도는 곰팡이와 짜증이라는 꽃을 키우는 최적조건이다. 눅눅하고 꿉꿉하고 불쾌한 생체리듬과 비위생적인 생활과 산사태나 침수, 자연재해까지 유발하여 큰 사고가 나기도하니 비

▲ 비를 좋아하는 나

를 좋아하는 나로서는 미안해지기도 한다. 그러나 비가 좋은 나는 비가 오면 파릇파릇 새싹이 돋듯 정신에 생기가 돌고 활력이 살아나 감성이 활발하게 움직인다. 더구나 온갖 먼지로부터 씻김을 해주는 고마운 비를 아니 좋아 할 수 있겠는가. '나는 풀잎 같은 여자야, 비가 오면 정신이 맑아지고 힘이 나거든' 정말 그랬다. 햇빛 쨍쨍하면 시들시들하다 물을 흠뻑 주고나면 생기가 도는 베란다 화분처럼 언제나 그랬다. 어린이집 교사를 할 때다. 내 또래 어린이집 교사가 비를 맞으며 아이들을 귀가 시키는데 너무 행복한 표정을 짓고 있다. "선생님, 비 좋아하나 봐요?"라고 했더니 "네에"한다. "어머 우린 감성이 같은가 봐요. 나도 비 엄청 좋아하는데."라고 하니 나를 보고 활짝 웃는다. 비 좋아하는 사람치고 나쁜 사람 없는 거 같다며 우린 손뼉을 치며 좋아라했다.

하지만 모두 다 그런 것은 아니다. 우리 가족들만 해도 빗소리에 들떠서 "물 구경 가자, 드라이브가자."고 하면 "미쳤어?"라는 반응이 화살처럼 먼저 꽂혀온다. 순진무구한 어린 제자들에게도 "얘들아 비 오는 날 멋있지?"하니 약속이나 한 듯이 일제히 "아니요, 싫어요."한다. 선생님의 의도를 알아 챌 리 없는 아이들은 여과기도 없이 자신들의 의사를 표현한다. 그래 비를 싫어할 수도 있지, 그래도 내편이 있었으면 좋겠다는 생각에 추억바라기를 해본다. 어릴 적 비 오는 날이면 냇가에서 수영하다가 산수박을 따먹고, 엄마가 꺼내주는 노란 장화를 신고 빗물고인 마당에서 철벅이며 놀았다. 옷을 버려도 철벅거리는 물소리가 좋아 그 시절이 그립기만하다. 가슴 한편 묻어 둔 어머니의 추억이 곱다랗게 펼쳐지는 비, 나는 어머니가 그리워서 비를 더 좋아했는지도 모르겠다. 물론 모두가 감성이 같을 필요는 없다. 당장 내 아버지만 해도 비가 내리면 유난히 웅신하기를 힘들어 하시니 드는 생각이다.

나를 위한 하늘의 축복으로 여기며 은행잎에 떨어지는 빗방울소리를 듣는다. 풀잎 같은 여자의 생명수, 언제나 그렇듯 나에게 생기를 불어넣어 주리라. 비는 나를 깨우고 나를 흔드는 삶의 활력소다. 고요한 빗줄기는 고요한대로 양철지붕에 떨어지는 요란한 빗소리는 또 그 리듬대로 좋지 아니한가. 무엇보다 내일은 일요일이니 보너스 같은 비가 펑펑 내렸으면 좋겠다. 그럼 나는 투명 우산을 쓰고 빗방울 소리에 취해 빗방울 발자국을 따라 한없이 흘러갈 텐데, 풀잎 같은 여자의 생명수 빗줄기를 따라 좋아요, 좋아요 비가 좋아요 하며 머언 어머니의 나라를 다녀 올 텐데. 빗방울시계가 마를 때까지.

2부
풍랑의 바다를 건너며

바람의 그림자

비바람 치던 날 밤 나는
바람의 그림자를 보았다
괴기스런 기체의 형체를

땅 위에 내려앉은 것은
발에 밟힌
나무의 흔들림이었다

바람의 그림자
그것은
태풍의 빛과 함께 내려앉은
내 삶의 그림자였다

바람이 분다. 가만히 있어도 땀이 줄줄 흐르는, 삼복더위가 꼬리를 내리기 시작하면, 곡식을 익히는 땡볕더위가 찾아온다. 가을의 풍성함을 시기라도 하듯 태풍이 비와 바람을 몰고 온다. 사람들은 애써 가꾼 농작물이 훼손되는 게 안타까워 기도의 힘으로 피해를 줄이고자 한다. 추석을 보내고 나면 가을태풍이 한반도로 불어온다. 평균 네다섯 개의 태풍이 여름의 흔적을 지우고 가면 만연한 가을이 펼쳐진다.

사람과 사람 사이에 불어온 태풍의 상처는 자연의 변화 사이에서 치유를 받는다. 사람과 사람 사이에서 받은 스트레스도 자연의 변화를 보면 치료가 된다.

내 영혼이 민들레 홀씨를 타고 나들이를 다녀온 가뿐함이 바람 속에 숨어 있다. 씨앗이 싹을 틔우고 자라서 꽃을 피우고, 열매를 맺어 서리꽃으로 사라져갈 때까지, 식물 한 그루는 사람에게 기쁨이 되어준다. 태풍의 풍속에도 유연하게 흔들리며, 그네 타는 바람의 그림자가 삶에 활력을 준다. 공중에서 파닥이며 살아있는 활어 같은 신선함으로 다가온다. 가로등 불빛 아래 불나방처럼 내리는 빗줄기들은 바람의 그림자에 유영하는 물고기 떼 같다. 빗방울 떨어지는 웅덩이의 바람소리에 휘날리는 바람의 그림자, 삭정이 같은 나뭇가지였다.

바람은 내가 보고 밟고 있는 내 삶이었다. 달빛 그림자가 아닌 비 내리는 날 바람의 그림자였다.

결혼의 문을 열고 보니

친정, 시댁 부모로부터 물려받은 경제적인 도움 하나 없이 결혼을 했다. 남편은 늦깎이로 대학을 졸업하고 친구의 사업을 돕고 있었다. 친구 3명이 함께 동업을 하는 줄 알았다. 한 명은 사장, 또 한 명은 상무, 남편은 부장이었다. 남편은 벌어놓은 돈도 없는데다 결혼할 준비가 전혀 안 된 상태였다는 것을 아주 늦게야 알았다. 그때 남편 회사에 근무를 하고 있던 고등학교 짝꿍 같은 친구가 남편을 소개해 준 것이다. 한창 선을 보고 다니는데 결론이 나지 않자, 이모께서는 "내가 천 년 만 년 살 것도 아니고, 엄마도 없는데 나이 서른을 넘어가면 재혼자리도 안 나온다."며 걱정을 많이 했다. 친구는 남편을 00대학교 회계학과를 나온, 아주 재밌는 청년이라고 소개를 했다.

친구의 부담 없는 중간역할 덕분에 편하게 남편을 만났고, 남편 친구들의 바람잡이 같은 유머에 휩쓸려 자주 미팅을 했다. 우리는 시흥에 있는 '장밋빛 인생'이라는 레스토랑에서 주로 약속을 해 만났다. 일찍 퇴근을 하는 내가 주로 시흥으로 가서 남편을 기다렸다. 남편은 바쁘다는 핑계로 늘 늦게 나타났다. 어느 날 헤어질 때 사준 사탕 한 봉지를 들고 집에 갔더니, 이모가 "인정이 있는 사람 같다."고 인정해버렸고, "장남만 아니면 된다. 엄마 일찍 여의고 고생도 많이 했는데 마음 편하게 살아라."하며 "너만 좋으면 결혼해라."라고 한다. 마음이 따뜻한 사람으로 마음이 움직였고 가진 것 없어도 마음 편하게 사는 것이 최고라고 생각했다.

볼우물이 순한 사람임을 증명이라도 하는 듯 했다. 3개월쯤 만났을 때, 양가 이모님을 모시고 서울서 상견례를 했다. 곧이어 시어머님이 계시는 부산에서 친정 부모님(아버지와 새어머니)과 상견례를 했다.

시아버지께서는 남편이 중학교 입학할 때 돌아가셨다고 한다. 직업군인으로 속초서 사시다가 제대를 하고, 눈 쌓인 음력 3월에 돌아가셔서, 속초 대포동에 산소가 있다. 시어머님도 아이들 셋을 키우느라, 무척 힘들게 살았다고 한다. 대학을 졸업한 아들이 돈을 벌기도 전에 결혼을 한다고 하니, 기대감이 무너져 내려서일까? 결혼하는 아들에게 해줄 것이 없는 미안함 때문이었을까? 나의 부모님을 앞에 놓고 기절하듯이 우셨다. 이 돌발 상황에 나도 당황했다. 이런 결혼을 해야 하나 고민도 했다.

1991년 6월 16일 서울 강남에 있는 태극당 예식장에서 결혼식을 했다. 집은 중매한 친구가 살고 있는 봉천동에 얻었다. 반지하 단칸방이었다. 남편은 가진 돈이 없어 월세로 집을 언자하였는데, 월세는

▲ 결혼식 날 신랑 임병희 님 함께

아무리 생각해도 아닌 것 같았다. 빌라 2층을 계약하기로 했는데, 나를 중매한 친구가 주인과 따지다가 기분 나쁘다며 취소하고 좀 더 저렴한 집을 계약한 것이다. 돈은 내가 거의 다 마련했다. 살림살이와 집을 신부가 다 해간 것이다. 대신 패물은 간단히 했다. 그래도 예단은 최선을 다해 할 만큼 했다.

제주도로 신혼여행을 갔는데, 여행비는 남편이 다 지불했다. 그런데 올 봄(2019년 봄)에 남편이 신혼여행 경비를 지불하지 못해 결혼식에 들어온 축의금으로 결혼 당일 여행경비를 지불하고 간신히 신혼여행을 갔다는 말을 했다. 28년 만에 알게 된 사실이지만 얼마나 불안했을지 마음이 짠했다. 신혼여행 마지막 날 이모가 자동차를 사천공항으로 보내 우리를 이모댁으로 초대했다. 그 차를 타고 이모집에 가서 하루 밤을 잤다. 이모 내외분께서는 진주에 있는 연암공업전문대학 사택에 계셨다. 다음날 큰 삼촌댁에 들려 큰 숙모가 싸주신 가죽자반, 김자반 등 마른 찬거리와 친 올케가 준비한 이바지음식을 갖고 처음 부산의 시댁으로 갔다. 그런데 오빠가 신행에 같이 동행해야 한다고 하니, 남편이 극구 말리는 것이었다. 저녁때쯤 도착하여 들어간 곳은 허름한 주택의 3층 단칸 옥탑방이었다. 시이모님들이 모여 있다가 가셨는데, 낯선 할아버지 한 분이 계셨다. 시이모님이 형부라고 부르고 있었다. 방을 지나 부엌을 나오니 별이 빛나는 밤이었다. 별빛 아래서 옷을 갈아입고 한 방에서 네 사람이 잤다.

집 한 채 없이 산다는 것, 한 번도 생각해 본적이 없는 일이었다. 난 아직까지 집 없이 사는 것을 겪어보지 않았다. 시골의 우리 집도 가꾸지 않아서 그렇지 대지가 이천 평 넘는 넓은 집에서, 남들이 대궐이라 부르는 큰집에서 살았고, 고등학교 다닐 때 삼촌집도 진주서 텃밭이 있는 넓은 주택이었다. 그리고 서울의 이모집도 넓었다. 얹혀 사는 삶이긴 해도 늘 큰집에서 살았던 것이다. 우선 숨 막히는 반지하에서 탈출해야했다. 분양아파트에 관심을 갖고 살피던 중 경제적 부담 덜한 김포 검단에 있는 미분양 25평 아파트를 청약했다. 작은

▲ 양가 가족 사진

집 한 채를 수도권 변두리에 마련했다. 남편의 기를 살리기 위해 남편 이름으로 등기를 했다.

전기판넬 공사를 하는 친구의 사업은 잘되고 있었다. 양주에 공장도 마련했다. 남편의 공로가 지대했다. 결혼을 한 남편은 친구와 함께 일하기 싫다고 자기 사업을 찾아 헤매고 다녔다. 전기제품 실험한다고 다니면서 연락도 하지 않고 속을 태웠지만, 행여 잘 되리라는 기대감으로 검사비용도 마련해주었다. 하지만 하는 일이 뜻대로 되지 않은 것 같았다. 나와 비슷한 시기에 결혼한 동료는 시부모님들의 사랑 속에서 은행원인 남편과 경제적인 풍요 속에서 잘 살고 있는데, 겉보기 멀쩡한 나의 속은 고단한 나날이었다. 남들은 신혼생활이 행복해 보이는 것 같다했지만 남편은 잦은 연락두절과 무단외박으로 걱정을 많이 하게 하고 아무렇지도 않은 듯 며칠 만에 집에 오기도 했다. 그러던 중 이모가 작은며느리 친정 회사에 남편을 취직시켜 주었다. 이력서 쓸 때 보니, 대학도 한 수 위였다. 명문대를 사칭한 것이다. 내가 제일 싫어하는 것이 거짓말인데, 무단외박하고 해명도 하지 않는 이런 사람과 살아야 하나, 이혼을 해야 하나 고민을 많이 했다. 아무래도 주변사람들 때문에 이혼이라는 말을 할 수가 없었다. 결혼 한 번 하기가 얼마나 어렵고 힘든데, 결혼한 지 얼마 되지도 않아 못 살겠다하면 나만 못된 사람이 될 것이다. 그런 말을 할 배짱도 없었다. 체면이 무엇인지 꾹꾹 나를 누르고 다지고 있었다. 나의 결혼과 신혼생활은 이렇게 시작되었다. 결국 인생은 긴긴 참음의 연속인 것이다.

돈 잃고 친구 잃고

진주 남강다리 위로 봄바람이 불어올 때, 싱싱한 발자국의 피아노 음률 같은 울림이 진주성을 연다. 논개의 의암바위를 바라보며 등하교를 하던 여고시절이다. 학교가 망경동에 있어 하루 두 번은 남강을 건너야 했다. 버스 차비도 아끼고 친구와 손잡고 수다를 떨며 가는 학교 길은 수업시간보다 생기 넘치는 시간이었다. 남강을 건너면서 지란지교를 꿈꾸던 친구 중 한 사람이 나를 중매한 친구다. 논개의 붉은 입술보다 더 붉은 그 강물 위의 다리를 우리는 사시사철 건너다녔다.

1980년대, 그 시절 우리는 편지로 소식을 주고받았다. 유선전화가 있긴 하였으나 급한 소식을 제외한 일반적인 소식은 편지로 서로 소통하던 시대다. 고등학교를 졸업하고 서울서 직장생활을 하는데, 여고동창생이 서울에 있다고 편지가 왔다. 학교 다닐 때 등하교를 함께 하던 친구다. 집안에서 막내로 살아온 친구는 구김살이 없고 매사가 화통하여 나와는 대조적인 성격이다. 내가 할 수 없는 일을 친구는 나를 대신해 잘 처리해주었다.

며칠 전 지인의 아들 결혼식 청첩장을 받았다. 시대의 변화에 따라 청첩장도 다양한 변천을 거듭해가고 있다. 종이인쇄에서 모바일 청첩장까지 등장했다. 예쁜 디자인의 종이청첩장을 보니, 문득 30년 전 나의 청첩장이 떠오르고, 나를 중매한 친구가 머릿속으로 날아와 앉는다. 짙푸른 유월의 화창한 날 나의 결혼식장에서 찍은 사진 속의 환한 미소의 친구가 생각난다. 결혼식도 치르지 못하고 딸을 낳아 7살이 된 아이 엄마이기도 했던 친구, 내 삶에 운명의 끈을 엮어 놓고서 흐뭇해하며 나의 신접살림살이를 어떻게 해야 하는지 챙겨주던 언니 같은 친구였다.

신혼살림 집도 이 친구 집 옆에 친구의 주선으로 계약했다. 결혼하여 1년 정도 옆집에서 살았을 때, 친구의 남편이 음주운전 교통사고로 구속이 되었다. 사업을 하던 친구의 남편은 많은 타격을 받게 되었다. 친구는 변호사를 선임해야 했고, 돈이 필요하게 되었다. 사정을 보니 너무 딱하여 내 수중에 있는 돈과 지인에게 부탁하여 돈을 빌려 주었다. 내 일처럼 신경을 썼다. 친구는 고맙다하고 남편이 나와서 일을 하게 되면 2부 이자로 갚아 주겠다고 했다. 하지만 일은 잘 처리되지 않았고, 사업은 엉망이 되어 숨어 살아야 하는 처지가 되었다. 나도 나의 지인도 돈은 신경 쓰지 말고 일처리나 잘 하라고 했다. 그 후 친구의 행방은 묘연했다.

그로부터 몇 년 후 우연히 연락을 하다가 친구가 부산에 살고 있음을 알았다. 나도 그때 부산에서 큰딸을 키우면서 조그마한 놀이방을 운영하고 있었다. 친구와 함께 일하며, 내가 빌려준 돈은 조금씩 상계를 하고 생활에 도움이 되도록 봉급을 지급했다. 그러다 이사를 하게 되어 놀이방도 다른 사람에게 넘겨주고 대전으로 이사를 왔다. 그 후 친구와 지속적인 연락을 하고 나의 지인 돈은 그래도 갚아야 하지 않겠냐며 다짐을 받았다. 이자는 계산하지 말고 원금을 갚으라고 했다. 나의 지인도 외환위기 때 직장을 잃고 경제적인 상황이 좋지 않았다. 다행히 친구 남편은 하는 사업이 잘 되어 집도 사고 공장도 사서 감정가가 12억이라고 자랑을 했다. 나도 외환위기로 집이 경매 당하고 갈 곳이 없어 경기 북부 양주로 이사를 왔던 시기다.

우리 집 가정경제가 최악의 상태에 놓여 있을 때여서, 친구의 희소식이 반가웠다. 조심스럽게 나의 지인 상황을 설명하고 돈을 갚아 주었으면 좋겠다는 의사를 전했다. 그 후 친구는 연락을 하지 않았다. 소식을 기다리던 나도 지치기 시작했다. 전화를 해 볼까 하다가 그만두었다. 근 10년 동안 친구의 상황이 좋지 않음을 알고, 나와 나의 지인도 돈에 대해 한 마디도 하지 않았는데, 10년 만에 돌아온 결과는 배신이었다. 내용증명을 보내라는 법학과 동창도 있었지만, '뿌린대로 거두겠지.'하며 그냥 두고 보기로 했다. 빌려준 사람은 신경 쓰지 말라고 하는데 내 마음은 늘 불편했다. 경제적인 여유가 되는대로 지인의 집안행사를 핑계 삼아 어느 정도 보답을 했다. 나를 아는 지인은 나를 배려하여 그 돈에 관해서 28년 동안 한마디도 하지 않았지만, 내 마음은 지금도 늘 미안하다.

연락이 끊긴지 20년이 되어가지만 소식은 없다. 그럼에도 간간이 그 친구가 생각나는 건, 풋풋한 여고시절에 쌓은 우정 때문이리라. 내가 늘 푸르고 청정하게 잘 살았으면 많은 추억을 간직하고 예쁜 친구로 남았을 것을……. 어렵고 힘든 시기를 오래 지내오다 보니, 나도 친구에 대해 미운 마음이 생겼던 것이다. 하지만 '사람이 먼저일까, 돈이 먼저일까?' 누군가 내게 묻는다면, 나는 '사람이 먼저'라고 말하고 싶다. 돈 때문에 인간관계가 멀어진 경우를 살면서 겪기도 했고, 주변에서 듣기도 했다. 나는 직접 경험하였기에 사람이 먼저라고 생각한다. 내 주변을 어지럽히던 채무관계가 정리되고 살만해지니, 마음이 너그러워진 탓일까. 지란지교만 꿈꿨지 관포지교의 포숙아가 되지 못한 내 마음이 아리다.

내 인생의 가장 보배로운 선물

온 산이 푸릇푸릇 새싹을 돋우고 봄꽃들이 환한 얼굴을 내미는 4월, 엄마 뱃속에서 함께 생활해온 태아가 세상에 나오고 싶다는 신호를 보내고 있었다.

1991년 6월 16일에 결혼을 하고 8월 달에 임신이 되었다. 결혼을 하고 아기를 낳는 것이 인생에서 반드시 거쳐야 하는 통관의례라고 여겼다. 29세에 결혼을 하였으니, 빨리 아기를 낳아야 할 것 같았다. 일찍 결혼한 친구들은 아이가 유치원에 다니고 더 일찍 결혼한 친구는 초등학교에 입학한 아이도 있었다.

내가 어린이집 교사로 활동하며 함께 생활했던 열 달 동안 뱃속에서 잘 자란 첫아이의 출산예정일이 1992년 4월이었다. 동네 산부인과를 다니면서 진료를 받아 왔기에 진통이 주기적으로 오자 짐을 싸서 아침 일찍 병원으로 갔다. 의사가 아직 멀었으니 집에 가있으란다. 주기도 짧아지고 진통도 심해지는데 아직 멀었다니 미심쩍어 하면서 집으로 돌아왔다. 낮 동안 계속 배앓이를 하다가 밤이 되니 더욱 심해져 구역질을 한다. 진통이 오면 화장실로 토하러 다니기를 밤새하다가 안되겠다 싶어 아침에 싸놓은 짐을 그대로 들고 새벽에 병원으로 갔다. 병원에서도 계속 토했다. 탈진할 것 같았다.

간호사가 곧 아기가 나올 것 같다며 의사가 올 때까지 기다리라 한다. 9시쯤 되어 의사가 오셔서 보더니 큰일이 났다고 한다. 자궁문이 다 열렸는데 아기가 안 내려온단다. 당장 수술해야 된다며 보호자를 찾더니 사인을 하란다. 앞서 수술 받으려는 임산부를 뒤로 미루더니 나를 먼저 수술실로 가라한다. 갑자기 당하는 당혹감에 하얗게 질린 나는 시키는 대로 했다. 눈을 떠보니 입원실이었다. 온몸에 열이 나고 마취에서 늦게 의식이 돌아왔단다. 열이 심하게 올라 참을 수가 없었다. 수건에 찬물을 적셔 발바닥에 대고 있으니 좀 시원해졌다. 갈비뼈가 부러졌는지 심하게 아파 눕고 일어날 수가 없었다. 온몸이 찢어질 듯이 아팠다. 의사는 아기가 안 내려와 밀어내느라 갈비뼈가 아플 수 있지만 괜찮을 거라 한다. '엄마가 된다는 것이, 이렇게 힘들고 고통스럽구나'를 느꼈다. 나에게 누군가가 "누구를 제일 존경하냐"고 묻는다면 나는 "이 땅의 어머니들"이라고 말했을 것이다.

이렇게 해서 큰딸은 3.8kg로 태어났다. 눈썹이 그린나래처럼 예쁜 아이였다. 임소정이란 이름을 지어주었다. 외할아버지가 숲속의 학과 난초 같으라고 임학란이라 지어주셨는데, 발음이 어려워 아빠가 임소정이라 짓고 학란은 나중에 호로 쓰자고 했다. 이제 이 아이가 결혼하여 아기를 가졌다며 초음파 사진을 동영상으로 보내주었다. 아주 씩씩하게 잘 노는 모습을 보니, 흐뭇하기 짝이 없다. 험한 세상에 오는 아이를 정갈하게 받아, 이 세상은 '살아가는 기쁨이 있는 곳'이란 것을 꼭 느끼게 해주고 싶다.

둘째 딸 예진이는 언니 덕에 자동으로 제왕절개를 하게 되었다. 부산에서 생겼고 대전에서 태어났다. 대전 신산부인과를 다니며 진료를 보고 수술을 하기로 예정되었는데, 자궁근종이 있다는 이야기를 했더니 대학병원으로 가서 수술을 하라 한다. 만약 근종수술을 하다가 수혈을 해야 할지도 모르니, 대학병원이 안전할 것 같다고 한다. 수술 날짜를 잡는데 아기가 별로 크지 않았다며 좀 더 키워 오란다. 3kg 넘으면 수술 날짜를 잡자 한다. 며칠 있다가 갔더니 수술해도 되겠다 하여 수술 날을 1995년 2월 16일로 잡았다. 내가 좋아하는 정월대보름 오곡밥을 먹고 다음날 가게 되어 다행이었다. 멀쩡한 정신으로 침대에 누워 수술실을 들어가는데, 공포심 때문에 왜 그리 슬프던지, 나도 모르게 눈물이 볼을 타고 흐르고 있었다.

눈을 뜨니 수술실이었다. 온몸이 칼로 그어 놓은 것처럼 아프고 목이 바짝바짝 탔다. 말도 나오지 않고 산소마스크 때문에 무슨 말인지 들리지도 않아 얼굴을 찡그리고 아프다는 신호를 보냈다. 링거 줄에 수혈이 있는지 없는지를 제일 먼저 살폈다. 다행히 수혈 줄은 없었다. 진통제 주사를 맞고 나니, 좀 견딜 만하였다. 자궁근종은 없었다 한다. 간호사들이 갓난 애기가 너무 예쁘다고 칭찬을 하니, 남편이 무척 좋아한다. 3.4kg으로 태어난 둘째 딸 이름을 남편은 임예진이라 지었다,

둘째를 임신하고 검진을 받을 때 시어머님은 성별이 궁금하여 의사선생님께 물었다. “분홍색 옷을 사야 할까요? 파란색 옷을 사야 할까요?”라 했더니 “하나 더 낳아도 괜찮습니다.”고 한다. 아들을 낳아야겠다는 강박감은 없었는데, 주변 어르신들이 아들이 필요하다고 강조를 한다. 그런데 뜻하지 않게 임신이 되었다. 낳아야 하나 말아야 하나 무척 고민을 많이 했다. 시간이 지나자 의사가 좋은 일이 생길 거라며 응원을 한다.

셋째 외아들은 1997년 5월 8일 쌀이 떨어져 마트에 장보러 가는데, 갑자기 소변이 줄줄 흐른다. 소변이 마렵지도 않은데 왜 이러지 하며 가만히 서 있어도 흘러내린다. 시장을 다 보고 계산을 하면서 주인아주머니께 상황을 이야기 했더니, 지금 시장 보는 게 중요한 게 아니라 빨리 병원부터 가란다. 양수가 터진 거라며 위험하다는 것이다. 그녀도 전에 이 같은 일로 아이를 잃었다고 한다. 수술하기로 예약해 놓은 인천병원까지는 갈 시간적 여유가 없어 평소 다니던 동네 병원에 갔다. 너무 당혹스런 일이 벌어지고 보니 두려움도 공포도 사라지고 웃음이 났다. 수술 보호자도 없이 내가 수술동의서에 사인을 하고 수술실을 들어갔다. 예기치 않게 셋째는 어버이날 태어났다. 3.2kg이었고, 임호성이라고 외할아버지가 이름을 지어주셨다. 숲속에서 쩌렁쩌렁한 목소리로 포효하는 호랑이처럼 용맹하라는 의미다. 이름처럼 약한 자의 아픔을 함께 할 줄 아는 훌륭한 사람이 되었으면 하는 바람이다.

신기하게도 나는 아이 셋의 태몽을 모두 꾸었다. 첫째는 동굴 속에

▲ 호성 소정 예진

서 커다란 호랑이들이 줄을 지어 달려 나오는데, 그 앞에 아이가 앉아 있었다. 둘째는 커다란 매실이랑 잘 익은 감을 땄다. 셋째는 밥을 지으려고 쌀을 꺼내는데 쌀바가지에 커다란 누에만한 쌀벌레 한 마리가 들어있었다. 외할아버지는 모내기를 하려고 황금빛을 띠는 볍씨를 집안 가득 쌓아 놓은 꿈을 꾸었다 한다. 쌀을 사러 가다가 길에서 양수가 터져 셋째는 예정일보다 보름 일찍 세상에 나왔다.

나는 내 아이들이 이 땅에 태어나 때로는 힘들고 어려운 일이 생기더라도, 이 또한 지나가리라 생각하며 기다릴 줄 알고, 불행 중 다행이다 스스로 위안하며 늘 감사하는 마음으로 살았으면 한다. 지나간 어제에 연연해하지 말고, 오늘을 열심히 살면서 행복했으면 좋겠다. 엄마가 너희를 이 세상에 나오게 했으니, 너희의 환한 얼굴을 보면 그 어떤 꽃을 보는 것보다 행복하지 않겠니. 출산의 고통은 엄마가 다 감내했으니, 너희들은 주어진 각자의 생애에 감사하며 향기 나는 사람으로 익어갔으면 좋겠다. 위대한 것도 훌륭한 것도 좋지만, 평범한 듯 펼쳐지는 하루하루를 기쁨으로 맞이하는 너희들이었으면 한다.

징검다리 같은 걸림돌

아픔이 묻어 색 바랜 일상
말끝마다 가시달린 언어
설령 고슴도치가 되더라도
곰 같은 푸근한 가슴으로 다가오길

남편과 아내 사이가
산을 안고 있는 나무 같다면
부모와 자식 사이가
하늘을 덮고 있는 구름 같다면
사람과 사람 사이가
징검다리 같았으면
참 좋겠다

우리 가족의 한때 고달팠던 일상이 묻어나는 이 글을 보고 있노라면, 지금도 마음이 눅눅해진다. 그래서 징검다리 같았으면 좋겠다는 간절한 희망을 담아, 이혼하고 싶고 죽고 싶다는 절망을 이겨내고 오늘까지 견딘 것 같다.

가난이 집안으로 들어오면 행복이 창문 밖으로 달아난다는 격언이 그릇되지 않은 말이란 것을 절감하고 산 세월이다. 벌써 산천이 두 번 바뀌어 있었다.

한 살, 세 살, 여섯 살 세 남매를 두고 집을 경매당했다. 남편은 명의상 회사대표로 되어 있어 부도난 회사의 빚은 모두 우리 몫이 되었다. 길거리에 나앉아야 할 상황에 남편과 나는 신용불량자로 은행에 등록되었다. 돈 십 원도 대출해 사용한 게 없는데, 신용불량자라는 멍에와 가진 것 하나도 없이 남편친구가 임대해준 집으로 이사를 했다. 경기 북부 양주라는 낯선 곳으로 세간살이와 아이 셋을 데리고 가는 그 길은 어찌나 찬바람이 불던지. 옛날 김종서 장군의 「북풍」이라는 시가 생각나서 눈물이 얼음이 될 지경이었다. 그나마 남편 친구가 양주에서 그동안 사업을 잘 하고 있어 다행이었다.

결혼 전 그 친구의 사업장이 번창하게 하는데 일조를 한 남편이었다. 어렵고 힘들 때 나도 그 회사에 돈을 빌려주기도 했다. 사장인 그 친구는 성격도 좋아 둥글둥글했는데, 왠지 남편은 불편해했다. 결혼 후 몇 개월 만에 그 회사를 그만두고 나의 이종작은올케언니 친정 회사(코스피 상장기업)에 취직을 했다. 5년 정도 근무를 했을 때 군포에서 양복점을 운영하는 큰이모의 셋째아들, 오빠의 회사일이 어렵다고 대표이사로 가서 일 좀 하라는 제의가 왔다. 작은이모의 큰아들인 이종큰오빠가 남편에게 부탁을 했다. 엄청 고민을 하다가 승낙을 했다.

양복점 오빠 회사에 친척들의 돈이 많이 들어갔는데, 부도나면 여러 사람이 피해를 보게 되어 있었다. 몇 개월 일도 제대로 해보지도 못하고 부도가 났다. 어느 날 우리 집이 경매로 넘어가 압류된다는 우편물을 받고, 남편이 집을 담보 보증했다는 사실을 알았다. 집을 살 때 돈은 내가 지불했고 남편 기 살리려고 남편 명의로 해 놓았더니, 상의 한 마디 없이 담보로 잡힌 것이었다. 그나마 다행이다 생각하는 데도 화가 났다. 결혼 전에 열심히 벌어서 장만한 김포 검단에 있는 25평 아파트가 그만 경매로 위기의 직격탄을 맞고 말았다.

그 후 이종큰오빠의 기계수입 사업에 합류했다. 1달러에 1,000원 정도의 환율이 2,000원 가까이 오르는 환율위기가 왔다. 환율위기는 IMF라는 국가 외환위기를 불러왔다. 수입업자들은 위험을 감내해야 했다. 결국 버티지 못하고 부도처리로 회사는 청산되었다. 강남에 있던 이 회사도 남편명의로 되어있었다. 대표이사로 있던 우리에게 모든 회사 빚은 넘어왔는데, 해결해줄 사람이 없었다. 법인파산은 끝났는데, 은행에서 대출을 해줄 때 담보물과 개인 연대보증을 서게 했기 때문에 이종큰오빠의 재산이 다 담보물로 매각되고도 남은 빚이 청산되지 않았다.

외환위기 때 담보로 잡힌 아파트는 가치가 하락되어 원금을 다 갚을 수가 없었다. 이종큰오빠의 강남에 있는 제일 비싼 아파트 50평

형대를 경매하고도 은행 빚이 남아 나머지 빚은 우리와 연대보증인들의 몫이 되었다. 부동산은 하락하고 이율은 높아 이 빚들 때문에 1998년부터 2018년 11월까지 불편한 맘으로 젊은 날을 살았다. 시도 때도 없이 압류장이 오고, 돈 갚으라는 전화가 오고, 십년마다 채권압류 및 추심명령이라는 판결문이 채권압류를 연장하고, 하루도 편할 날이 없을 만큼 불안한 하루하루를 살았다. 아이들에겐 상속포기각서를 쓰라고, 그 어린것들에게 이야기도 했다. 간혹 뉴스에서 보면 몰라서 당하는 어린아이들의 채무상속을 보기도 했기 때문이다.

돈 한 푼 써보지도 않고 당하는 채무자로서의 시달림에 분노와 원망의 한이 서리기 시작했다. 당장 아이들 학업과 먹고 사는 일이 더 급하다는 사실에 매달 갚아가던 채무를 10년쯤 되어 중단했다. 그리고 나는 신용불량자 대상이 아니라는 사실을 알았다. 금융감독원에 전화를 했더니, 그 다음날 바로 청담동 국민은행에서 신용불량자를 삭제해주었다. 남들 보내는 학원도 못 보내고 집에서 엄마랑 공부하고, 사고 싶은 거 못 사고 최저생계비로 생활하는 삶이었다. 봉급을 타면 그 다음날부터 남는 돈이 한 푼도 없었다. 지친 삶에 오기가 생기기 시작했다. '압류해도 가져갈 것도 없는데 하고 싶은 대로 해라' 하는 맘으로 살았더니, 8천만 원의 채무가 이자가 붙어 6억 원으로 불어나 있었다.

2014년 남편이름으로 신용조회를 했더니 신용불량자가 아니었다. 법학과를 함께 공부했던 친구들에게 조언을 구해도 별 뾰쪽한 수가

▲ 남편과 두 딸아이

없었다. 이혼을 하든지 파산을 신청하는 수밖에 없다는 것이 그들의 답이었고, 변호사도 마찬가지였다. 불편한 진실을 친척들에게는 말할 수가 없었다. 그렇다고 그들에게 도움을 청할 수도 없었고, 나의 비참한 모습을 내 보이기도 싫었다. 이 사실을 알고 있는 이종큰오빠는 묵묵부답이고, 아무런 해결책을 제시하지 않았다. 올케언니가 정말 미안해 어쩔 줄을 몰라 했다. 올케언니의 마음씀씀이에 내 마음도 아파 아무에게도 말하지 않고 버틴 20년이다.

2015년 남편이름으로 직장생활을 했더니, 2017년 봉급에 대한 압류가 들어왔다. 채권회사에서 독촉도 오고 감면대상자이니 합의보자고 연락이 왔다. 진흥저축은행이 파산하면서 20년 동안 떠돌아다닌 채권을 해결하려고 금융감독원에 민원을 넣었다. 금융감독원에서 억울한 사정을 풀어줄 것 같았는데, 파산은행이라며 예금보호공사로 넘겨주었다. 예금보호공사로 오니 다시 채권회사로 연락을 해서 해결하라 한다. 고난을 거치고 거쳐 2018년 11월 최종 마무리를 지었다.

2018년 11월 21일은 1997년 7월 28일부터 저당 잡힌 나와 내 가족의 삶에 종지부를 찍는 날이었다. 제일 큰 보증채무 6억 원짜리와 봉급 차압을 해결하고 보니, 날아가는 나비 같은 날이었다. 한 푼 써 보지도 않은 돈을 감면 받아 몇 천만 원으로 완납하고 해결했지만 그 아프고 억울한 맘이야 어이 다 표현하리. 그루잠을 자는 인생에서 꽃잠을 잘 수 있는 아기 같은 마음으로 나비가 되고 싶은 그런 날이었다. 나비잠을 푹 잘 수 있어 행복한 날이었다.

이제는 말할 수 있다. 20년 동안 숨죽이고 살아온 내 삶이 헛되지 않았다고 들려주고 싶다. 그 누구에게라도 자랑하고 싶고 격려 받고 싶다. 신이 인간에게 고난을 줄 때는 해결할 수 있을 만큼만 내 어깨에 짐을 올려준다는 사실을 알았다. '내가 능력자다'라고 하면서 문제해결을 하면, 그 또한 살아가는 활력소다. 걸림돌도 생각하기에 따라 디딤돌이 되고 징검다리가 되어 우리의 삶을 호두껍질처럼 단단하게 할 수도 있다는 것을 말하고 싶다.

사람의 삶은 수평선 같지 않고 언제든지 일렁이는 파도와 같다는 것을 알아 수용하고, 피할 수 없으면 즐겨라하지 않던가! 위기나 기쁨이 와도 '이 또한 지나가리라' 생각하고 '그럴 수가 있어'가 아니라 '그럴 수도 있지'라고 이해하자. '그럴만한 사정이 있겠지'라고 생각하면 억울한 일도 너그럽게 덮어 줄 수가 있다.

가장 중요한 마음가짐은 늘 감사하는 것이다. 기쁠 때보다도 슬플 때 더 많이 감사하자. '불행 중 다행이다' 생각하면 그렇게 마음이 편안 할 수가 없다. 걸림돌이 디딤돌이 되고 징검다리가 되려면 우리의 생각을 긍정적으로 바꾸고 오늘도 감사한 마음으로 생활하면 되리라.

고액 상습체납자라니!

'고액 상습체납자 명단 공개'에 대한 안내 말씀이란 안내장을 2019년 4월 10일 등기로 받았다.

2013년부터 시행되는 제도라며 그동안 없던 채무 명단이 다시 우리를 찾아왔다. 국민건강보험공단에서 보내온 것이다.

금액 칠천오백만원. 정확히 74,791,910원이란다.

몇 년 전에도 등기를 받아 깜짝 놀란 가슴이 국민건강보험공단에 전화를 하니 와서 직접 알아보라고 한다. 양주지사로 갔더니 동두천으로 가라고 하고 또 원사업장이 있던 군포지사로 가라한다. 자동차도 없는 상황에서 하루 종일 헤매고 군포지사에서 상황 설명을 들었다. 1998년 남편 이름으로 대표이사가 되어 있는 회사의 직원들 1년 동안 미납된 국민연금을 내라는 통지였다. 이미 청산되고 없어진지 20여년 되어 가고, 실제로 사장도 아니었고 보증을 섰다가 우리 집도 경매당해 갈 곳이 없던 시절이었다.

상황을 설명하고 어떻게 해야 하는지 물었더니 '개인이 아니고 청산된 법인이라 그냥 둬도 개인권리는 침해할 수 없다'고 하면서 공지는 계속 나갈 것이라고 한다.

안내장을 받아 읽어보니 "체납된 보험료 중 30/100에 해당하는 체납액을 6개월 이내에 납부하여 주시면 금번 공개대상에서 제외됨을 알려 드립니다. 아울러, 체납액 등과 관련하여 회생절차, 행정심판 및 행정소송 계류 중에 있거나, 사업장의 재해 등으로 재산상의 손실을 입어 사업이 중대한 위기에 처한 경우, 관련 법령에 따른 종합적 판단에 의한 납부능력이 없는 경우 등, 그 해당 여부에 관한 소명 자료를 안내문을 받은 날로부터 6개월 내에 제출하여 주시면 사실 확인절차를 거쳐 '보험료 정보공개심의위원회'에서 심의하여 공개 여부를 결정하도록 하겠습니다."라고 되어 있다.

참담한 세월을 어떻게 이겨내고 여기까지 왔는데, 아직도 해결 안 된 꼬리가 남아있다니 심사가 또 편안하지 않다. 관련부서에 전화해서 알아봤더니 소명자료를 내도 소멸되는 것이 아니라 공개여부를 결정하겠다는 것이다. 살면서 아무리 힘든 일이 있더라도 보증은 서 주지도 말고, 서 달라고 부탁도 하지 말아야 한다는 것을 뼈를 깎는 아픔으로 체험했다.

그리고 5월 31일 뉴스에 고액체납자 325명 명단공개와 함께 1,535억을 집안 곳곳에서 현금과 외화, 골드바가 징수되었다 한다. 싱크대 안에서 현금 5억 원이 나오고(양도세 체납자), 인형 밑에서 7천만 원이 나오고 정말 웃을 수 없는 현실이다. 악의적 체납자를 끝까지 징수하겠다는 국세청과 맞붙어 체납자의 재산은닉 수법이 날로 지능화되었다 한다. 숨길 돈이 있다는 것이 부러웠고, 저 사람들에게도 무슨 사연이 있으려나하는 호기심도 생겼다. 그들도 나름대로 얼마나 힘들었을까하는 동병상련의 마음도 있었다.

재산이 많은 것도 아니고 탈세를 한 것도 아니면서, 고액상습체납자라는 꼬리표가 붙어있다는 건 참으로 불편한 현실이다. 청산한지 20년 된 법인이고 개인 권리를 침해할 수 없다면서 죽는 날까지 안내장을 보내겠다는 것은 또 무슨 행정조치인지 알 수가 없다. 집 한 채 갖고 재산 불리면서 열심히 살겠다는 포부도 때로는 호사인 것 같아 불안하다. 2012년 세 자녀 특별우대로 하남 미사지구 반값 아파트에 당첨되었다. 경쟁률이 얼마나 치열했으면 로또 당첨이라고 했을까. 분양을 받으려고 어렵게 계약금을 준비해 두었는데 극구 못 하게 말리는 남편의 뜻을 꺾지 못하고 포기하고 말았다. 32평형 3억대 분양가가 지금 8~9억대라고 한다. 프리미엄이라도 받고 팔지 그랬냐는 사람도 있었지만 7년간 전매 불가인데 무슨 프리미엄을 받느냐고 했더니 '아쉽다 아쉬워'하는 소리만 듣고 말았다.

막내아들이 돌 지나고 불어 닥친 IMF의 직격탄으로 인하여 20년 동안 보증 빚으로 저당 잡힌 인생을 살았다. 어디 가서 보상을 받아야 할지 모르겠다. 발등에 떨어진 불을 끄느라 몰랐는데, 이제 와서 생각하니 환율로 인한 대란이었으니, 수입업자를 몰살시킨 국가를 상대로 소송이라도 내고 싶은 심정이다. 수출업자나 이민 갔다가 다시

조국으로 돌아온 사람들은 위기를 기회로 맞았다는 주변사람들의 이야기도 있다. 환율이 천 원에서 이천 원으로 올랐으니 가능한 이야기 아니겠는가.

당당히 낼 세금이 있으면 징수하고 없으면 면책하여 주고 풀어 주면서 내 백성 내 국민이 행복하게 살 권리를 주는 것이 국가의 권리와 의무다. 20년 전에 청산된 기업의 빚을 개인에게 징수 할 의무는 없다면서 개인에게 경고장을 보내는 권리는 무슨 권리인지 알 수가 없다. 실패해도 다시 일어나서 일할 수 있는 힘을 국가가 부여해준다면 실패를 두려워하지 않고 끊임없이 도전할 텐데, 한번 무너지면 다시 일어나기 힘든 상황을 너무 잘 알기에 악덕체납자가 생기는 것은 아닌지 모르겠다. '실패를 두려워하지 않는 도전정신을 심어주는 정책이 대한민국을 살릴 것인데' 하는 아쉬움이 남는다.

국민도 납세의무를 충실히 하여 국가에 힘을 보태고, 정의로운 삶으로 복지국가의 행복을 누려야 하지 않겠는가.

척추골절과 추석

2015년 추석보름달이 병실 창문 앞에 떴다. 오늘은 포천 우리병원에 입원하여 21일째 되는 9월 30일이다. 입원 첫날 대소변도 누워서 봐야 하고 음식도 누워서 먹어야 한다며 보호자를 데려오라 한다. 요추2번 척추압박골절이란다. 하지만 보호자가 없어서 혼자 서명하고 입원했다. 가족의 보살핌을 받을 수 없는 형편이었다. 남편은 주말부부고, 아들은 고등학교 3학년이다. 큰딸은 직장을 다니느라 동탄에 있고, 둘째딸은 부산의 할머니댁에서 대학교를 다니고 있었다. 몸이 불편하신 친정아버지를 집에 두고 입원을 하는 내가 더 불편한 상황이었다.

나는 늘 누군가를 보살피고 돌봐야 하는데 진작 내가 아프면 나는 그 누구의 도움을 받지 못한다. 이번 골절사건도 가구를 옮기다가 팔과 허리가 아파 다음날 병원에 가서 진료를 보았다. 의사가 근육통이라고 처방하고 물리치료와 일주일분 약을 주었는데, 한 달이 지나도 계속 아파 다시 병원을 갔다. 의사가 X-레이를 찍어 보자더니 척추골절이라 한다. 그리고 MRI를 찍으라고 하더니 영상결과를 보고 당장 입원을 하라 한다. 잘못되면 하반신마비가 온다며 절대 움직이지 말고 누워만 있어야 한단다. 그렇지만 보호자로 올 사람이 아무도 없다. 여태껏 아무 일없이 잘 다녔는데 무슨 큰일이냐며 혼자 당당히 입원을 했다.

2015년 9월 27일이 추석이었는데 계속 병원에 있었다. 의사선생님은 퇴원할 수 없다고 한다. 병실에 있으면서 추석을 어떻게 지내야 할지를 고민하다가 남편에게 '추석은 산소에 가서 성묘로 대신하면 좋겠다.'고 말하였다. 그랬더니 '제사 지내기 싫어 퇴원하지 않는다'고 시어머니와 시누는 한 달 동안 입원해있는데도 전화 한 통 하지 않았다. 남편도 남편으로서의 믿음이 사라져 감정이 불편했다. 나의 심사는 꼬일 대로 꼬여 퇴원만 하면 이혼해야겠다는 생각밖에 나를 위로할 수 있는 것은 아무것도 없었다. 내가 밥을 먹는지 죽을 먹는지, 굶고 있는지 그 누구도 관심 갖는 사람이 없었다. 한편으로는 잘했다는 생각도 들었다. 내가 그렇게 봉사하고 희생하면서 가족을 위해 살아왔는데, 이런 상황까지 이해를 해야 하나. 처음으로 나는 가족의 일보다 나를 위해서 병원에 있었다. 하반신마비라는 말에 겁이 나기도 했다.

추석은 성묘로도 충분하리라 생각했다. 가만히 생각하니 그동안 나의 골절사건들은 제사를 모시기로 한 해부터 매년 기제일과 추석 사이에서 일어났다는 것도 심상치 않았다. 보이지 않는 누군가가 자꾸 제사를 지내지 말라는 신호를 보내는 것 같기도 했다. 사실 큰시아주

버님이 시어머니가 모시고 있는 시아버지 제사를 모셔갔는데, 몇 년 지나서 이혼하시고, 또 몇 년 지나서 제삿날 뇌졸중으로 쓰러지셨다. 사경을 헤매다가 요양병원에서 연명하고 계신지 5년째다. 그 제사를 둘째인 우리가 받아왔던 것이다. 나의 입원도 제사를 지낸 해부터 시작되어 다섯 번째다.

가족들은 나의 입원에는 관심이 없고, 오로지 제사를 모시지 않고 병원에 있다는 이유로 나를 외면한 것이다. 뼈가 생기다가 말았냐는 둥 엉뚱한 소리만 한다. 1원짜리, 10원짜리 부업을 얼마나 열심히 했는지 지문이 닳아 주민등록등본을 떼려면 기계가 인식을 하지 못한다. 아이들이 커가면서 전공 살려 어린이집 교사로 또 얼마나 열심히 살았는가. 그래도 한 번도 골절을 당해 보지 않았는데, 제사를 모시고 나서 세 번이나 골절을 당하고 두 번을 봉와직염으로 입원을 한 것이다.

그동안 살아온 날을 결혼 전후로 나누어 생각해보았다. 결혼 전 생활은 유교생활에 젖은 삶을 살아 예의범절에 중점을 두고 정신적인 에너지를 많이 썼는데, 결혼 후에는 체면에 연연해하지 않고 자유스러운 생활이 마음을 편안하게 했다. 그동안 몸에 배인 생활습관만으로도 시댁에서는 칭찬을 받고 살았다. 경제적인 어려움만 뺀다면 그런대로 잘 자라 준 아이들로 인하여 위안 받고 살았던 세월인 것이다. 아이 셋을 키우느라 빡빡한 살림살이였다. 하지만 그것보다 더 큰 심리적 부담은 억대의 보증빚 독촉이 밑바닥에 깔려 있는 지뢰밭 같은 불안감이었다.

편하지 않은 마음으로 입원하여 추석을 보내고 시어머니와의 사이도 서먹하여 지고 퇴원을 했다. 집에 계시던 친정아버지도 어떠냐고 물어 보지도 않는다. 애정 어린 관심을 갖고 있는 사람이 아무도 없다. 남편도 주말부부라 주말에 얼굴 한 번 내밀고 가는 것이 전부다. 나의 존재는 관심이 없고 나의 보호만 필요한 사람들이다. 섭섭한 마음만 가득하여졌다. 무엇을 바래서가 아니라 정신적인 허탈감이 삶을 무기력하게 했다. 찬바람만 나면 손톱 밑 살점이 찢어지고 피가 나고 거칠어지는 내 손만큼 마음이 아팠다. 우리 집 살림살이의 어려움을 모르시는 시어머니는 용돈만 갖다드리면 환하게 풀어지실 것이다.

척추골절로 입원해 있는 동안 보험손해사정사로부터 대단한 정보를 듣게 되었다. 척추골절은 후유장해보험금을 청구할 수 있다는 것이다. 개인적으로 들어둔 사보험이 있냐고 물어본다. 그렇다고 했더니 보험증권을 잘 살펴보고 약관을 참고해 해당여부를 알아보라 한다. 어려우면 도와주겠다고 한다. 해당 보험이 세 개나 있었고 보험금도 몇 천만 원이 나올 것 같다 한다. 가뭄에 단비 같은 소식이다. 불행 중 다행이라더니 이렇게 나를 돕는 보이지 않는 손이 있었는가. 또 삶에 의문이 들기 시작했다. 제물로 나를 받쳐 재물을 채워주려는 신이 있는지, 불행을 막아주려고 부단히 애쓰는 나의 수호천사가 있는지, 그나마 다행이다. 위안을 받고 절망하지 말라는 신의 가호인지 알 수가 없다. 이 보험금을 받아 조합원 아파트를 청약했다.

신의 세계는 오묘하여 사람의 힘으로 막을 수 없고, 이해 수도 없는 부분인 것 같다.

입원으로 인하여 추석차례를 속초 대포동의 산소에서 지냈다. 조상도 고향 바다에서 즐거워하는 자손들을 보며 흐뭇해하셨을 것이다. 명절증후군으로 이혼하는 부부가 늘어난다는 소식도 들린다. 못마땅해 하는 시어머니의 냉정함에 상처를 받았지만 꿋꿋하게 한 달을 입원하고 퇴원을 했다. 이제부터는 내가 나를 사랑하면서 살아야겠다. 내가 나를 소중하게 여겨야지 누가 챙겨주지 않는다는 것을 알게 되었다. 그 누가 대신할 수 없다는 사실도 알았다. 그래도 마음엔 한가위 보름달 하나쯤은 간직하고 살아야겠지.

한가위 보름달

가을밤 하늘의 푸르고 시린 한가위 보름달을 보셨나요?
산천은 고요하고 푸른 강물 은은히 별빛 비추며
잔잔한 물결이 가슴에 소용돌이치는
그런 한가위 보름달을 보셨나요?
내 어렸을 적 지리산 자락에서 맞은 어느 해의
그 시리도록 푸른 한가위 보름달에서
어렸을 적 동화가 살아 움직이듯
토끼가 떡방아를 찧으며 송편을 만들어 던져 줄 것 같은
푸른 한가위 보름달을
마흔이 넘은 지금에도 잊을 수가 없습니다.
댓잎과 같은 냉기가 돌다가도
외로움이 부르는 소리가 들리는 듯 하다가도
결국 시린 푸른 하늘 위
둥근달만 동그라니 앉아 있었습니다.
그때 나와 함께 길을 거닐던 친구가 그립기도 합니다.
동네 개구쟁이 친구들…
보고 싶다 친구야!
그 잊을 수 없는 시리도록 푸른 한가위 보름달과 함께…

- 2004년 8월에

알 수 없어요

푸른 별에 태어나서 반짝이는 은하수와 출렁이는 바다와 우직한 산들의 사계절과 함께 살아간다는 것은 사람으로서의 기쁨이다. 사람의 힘으로 이룰 수 없는 산천의 모습과 계절의 변화를 보며 인간은 혼자서는 살아 갈 수 없는 존재라는 나약함을 느낀다. 함께 살아가는 삶은 또 얼마나 아름다우며, 더불어 이루는 경제, 문화의 발전은 또 얼마나 눈부신가. 자연의 위대함과 인간존엄에 무한한 감사의 기도를 드리고 싶다. 누구나 태어날 때는 벌거벗은 몸으로 울면서 세상에 왔다가, 갈 때는 주머니 없는 옷 한 벌 입고 웃으며 떠나는 것이 인생길 아닌가.

삶을 살다보면 위기도 오고 평화도 온다. 때로는 '지구가 지옥이다' 하면서 스스로 지구로 귀향 온 죄인으로 자처하기도 한다. 삶이 추락하여 바닥에서 지하로 떨어져도 솟아날 기색이 보이지 않는 때도 있다. 기쁨보다 슬픔이 더 많은 인생살이 살다보면 무의식적으로 찾는 나의 신이 있다. 사람의 삶이란 氣로 형성되어 氣로 빠져나간다. 온몸 구석구석 氣의 힘이 나도 모르게 나의 신 하나쯤 간직하게 한다.

위기가 오면 간절히 부르는 나의 수호천사가 나를 돕기도 하니, 절박하면 신의 세계까지 통하게 되는 모양이다. 외환위기 때 서울 강남에서 수입기계 사업을 하던 회사가 부도를 맞아 파산하는 월급사장, 일명 바지사장이었던 남편은 어이없게도 다 청산되지 않은 빚이란 빚은 몽땅 끌어안게 되어 우리 집은 각종 채무고지서가 날아드는 집합소가 되었다.

탈탈 털면 먼지만 나올 상황에서 아이 셋과 살림살이만 겨우 챙겨 우리는 경기 북부로 이사를 하게 되었다. 그 후 20년, 남편의 직장과 아이들 학업으로 새 터전을 잡고 거주지를 옮기기 전까지 장장 2018년까지 월급이 차압되는 처지에 놓여 한동안 경제적 시련에 시달려야 했다. 2018년 11월 평생 갚을 수 없을 것 같았던 큰 금액을 해결하고 나니 자랑이라도 하고 싶었다. 누구에게라도 박수를 받고 싶었다. 오죽하면 아이들에게 상속포기각서를 쓰라고 이야기했을까. 한 푼도 써보지 않은 보증 빚으로부터 무거운 짐을 내려놓고 우리는 안도의 숨을 쉴 수 있었다. 물론 살다보면 어떤 고난이 앞에 닥쳐올지 그 누구도 알 수 없지만 팔팔한 중년의 세월을 꿈 없이 빚잔치로 보낸 것이 한스러웠다. 그사이 아이들도 다 자라있었다. 꿈 많던 세월을 숨 한 번 제대로 쉬지 못하고 희망 없는 생활을 했지만 웃음을 잃지 않고 성실히 살려고 노력했다. 그것이 나의 마지막 자존심이었고 철칙처럼 지키고 버텨온 힘이었다.

우리 가족의 삶이 이렇게 엄청난 시련을 겪었으리라고는 그 누구도 감히 생각도 못했을 것이다. 늘 밝고 환하게 아무 일 없던 것처럼 살고 있었으니, 남다른 시련을 예견하는 사람은 없었다. 그런 생활이 계속되던 와중에 시댁 큰 시숙께서 하필 시아버님 제삿날 뇌졸중으로 쓰러져 사경을 헤매고 있었다. 병원 치료를 하고 요양병원으로 옮겨 재활한지 9년, 그동안 선영봉사는 차자인 우리 몫이 되었다. 종갓집인 친정에서 30년 가까이 제사지내는 모습을 보고 자랐으니, 제사를 받들어 모시는 것이 당연하다 여겼다. 그런데 제삿날 시아주버님이 쓰러지고 보니 뭔가 기분이 개운치 않았다. 가진 건 없어도 마음 편히 사는 게 최고라며 장남 아닌 차남에게 혼처자리를 알선하신 나의 이모님 얼굴이 떠올랐다.

이렇다 저렇다 결정을 내릴 수가 없는 상황에서 남편은 내가 다 하겠다며 제기며 병풍이며 향로에 수저까지 다 챙겨들고 나서는 데에야 더는 이유를 달 수가 없었다. 경제적인 어려움이야 더 아끼고 쪼개 쓰면 될 것이고, 시아버님 기일과 일 년에 큰 명절 두 번까지 단 세 차례 수고로움이니 나도 더 이상 토를 달지 않았다. 넉넉하지 않은 처지야 우리사정이고 막상 제사상이 휑하면 정성이 없다 할까봐 하루 종일 음식을 만들어 제상을 가득 채웠다. 그러나 예기치 않은 곳에서 일이 불거졌다.

시아버님기일과 추석이 다가오면 웬일인지 일 년에 한 번씩 꼭 입원을 해야 했다. 9년 전 처음엔 오른쪽다리 '봉와직염'으로 갑자기 걸을 수가 없었다. 두 번째는 왼쪽다리에 똑같은 증상이 생겨 또 입원을 했다. 세 번째는 왼쪽 갈비뼈 골절, 네 번째는 오른쪽 갈비뼈 골절, 살짝 부딪힌 기억밖에 없는데 또 골절, 그때만 해도 지금보다 훨씬 젊은 나인데 왜 이런 일이 생기는 건지 도무지 알 수가 없었다. 그 다음해는 척추 압박골절과 심지어 손가락 골절까지, 정확한 이유도 모른 채 해마다 늘어가는 골절 횟수로 나는 트라우마에 시달렸다. 가구를 옮기다가, 침대 안전대에, 자다가 일어나려고 돌아눕다가, 조심한다고 해도 골절사고는 지치지 않고 계속되었다.

작년에도 갈비뼈 골절이 있었고 최근 입원치료를 받게 된 늑골 5,6번 두 개의 골절까지 도저히 이해할 수가 없었다. 아니 최근 골절은 그나마 운동하다가 그랬으니 그럴 수도 있었다. 처음 시작은 정확히 생각나지 않지만 해마다 반복되는 입원과 치료를 다섯 해 쯤 반복하고 나니 매해 그맘때가 다가오면 점점 두려움이 엄습하고 알 수 없는 공포가 생겼다. 골절과 입원이 반복되고 보니 이해할 수 없는 또 다른 세계가 나를 시험하는 것만 같았다. 나는 어렸을 때 튼튼하진 않았다. 그렇지만 어려서 가난하게 살지도 않았고 굶어 보지도 않았다. 결혼하고 아이 셋을 낳아 키우는 동안 강단도 생기고 한 번도 골절을 경험해보지 않았기에 내게 닥쳐온 일련의 알 수 없는 골절사건은 께름칙하고 불편한 심리를 내 마음에 심어 놓았다.

골다공증 검사를 하고 X-레이를 찍어 봐도 별다른 이상도 없단다. 의사선생님은 사진 상으로 봐도 약한 뼈가 아니라고 한다. 그러니 더 기막힌 노릇 아닌가. 사고도 제사와 추석 시기에 생기니 더욱 알 수 없는 일이었다. 또 아이러니한 것은 반복되는 골절사건들이 나의 어렵고 힘든 경제사정에 많은 도움을 주었다는 사실이다. 경제위기를 겪으면서 위급한 상황에 대처할 비상수단으로 들어 두었던 보험들이 번번이 큰 도움이 되었기 때문이다. 나를 제물로 바쳐 경제적인 도움을 받았다는 생각이 문득 문득 들었다.

많은 일들을 겪으면서 나름 터득한 삶의 지혜가 있다. 위기가 닥칠 때마다 '불행 중 다행이다', '이 또한 지나가리라' 생각하며 스스로를 위안한다. 나의 수호천사가 나를 돕는다는 것을 느낀 것이다. 기쁠 때도 슬플 때도 항상 감사하자. 늘 기도하며 감사하는 마음으로 살자. 어렵고 힘든 일이 아무리 괴롭혀도 개구쟁이 세 아이들이 있는데 엄마의 책임을 저버릴 수는 없지 아니한가! 세 아이들이 있다는 것은 무슨 일이 있어도 이겨낼 수 있는 힘을 부여받은 것이다. 내 삶의 밑거름인 환한 웃음이 사시사철 푸른 나무처럼 늘 밝게 펴지는 한 나는 청산처럼 아이들과 함께 살리라. 우리 몸 곳곳에서 통하고 있는 氣가 나를 지켜주니 그 기운만으로도 나는 충만하다. 늘 감사하며 겸손하게 살자. 나를 위한 기도가 아닌 너를 위한 기도를 하자. 그 기도의 기운은 돌고 돌아 내게로 돌아오리라. 그러면 우리의 삶은 좀 더 풍요롭고 행복하리라.

시어머니께 갑자기 다녀오느라 골절된 늑골5,6번이 덜 붙었는지 때때로 불편하다. 그러나 낙천적인 성격이니 걱정하지 않는다. 불안하고 또 이런 일이 생길까 두렵지만 '두려워 마라. 내가 너를 담대히 하리라.'는 성경구절을 외우며 나는 나를 위로한다. 내일은 다시 내일의 태양이 떠오를 테니까.

돈꽃나무

꽃망울 흐드러지게 달린 벚꽃이
따듯한 봄기운에 팝콘 터지듯
꽃잎을 펼쳐 푸른 창공에
나비되어 나폴 거리는 춘삼월
팝콘 한 잎 터질 때마다 천 원짜리
한 장씩 꽂아 지폐나무를 만들고 싶다
봄 햇살도 창가에 걸려
바람도 통하지 않는 병실에서
꽃구경도 못하고
겨우 미세먼지 면했다는 위안으로
입원실에서 하루하루 3주를 버티고 있던 어느 날

82세의 시어머니가 갑자기 패혈증으로 입원하셨다는 급한 전갈이 왔다. 부랴부랴 가퇴원을 하고 부산에 있는 대학병원으로 향했다. 그동안 어머니와 함께 사는 애들 고모가 이 병원 저 병원 다니면서 검사를 하고 입원실이 없어 애를 먹었다고 한다. 우리가 도착했을 때는 다행히 응급실에서 입원실로 와계셨다. 걷지도 못하고 먹지도 못하셨다고 한다. 그런데 배는 펭귄처럼 불룩하고 혈색도 없어 보여 삽시간에 마음이 무거웠다. 패혈증이 올 수도 있고 신부전증으로 투석을 할 수도 있다는 의사선생님 말씀이었다니, 놀란 마음이 앞으로 닥쳐 올 상황에 대한 불안으로 방향을 잡을 수 없었다.

갈비뼈 두 대 골절로 아직 퇴원은 안 된다고 강경하게 나오던 내 담당의도 시어머니가 패혈증으로 위독하시다 하니 급히 가퇴원을 해 주어 급히 내려온 참이다. 시어머니는 삶을 포기하셨는지 아무것도 드시지 않고, 눈물만 흘리시며 유언처럼 말씀을 하신다. "내 죽으면 화장해 훨훨 날려보내고, 통장에 돈이 얼마 있고 현금이 어디에 얼마 있으니 누구누구에게 얼마씩 줘라~."고 하신다. 일찍 혼자되시어 3남매를 키우시느라 무척 고생하셨다는 이야기도 간간이 하셨다. 그래서 돈에 대한 애착이 대단하신 분인데 삶의 끈은 의외로 너무 쉽게 놓으시려는 것 같았다. 처음 당하는 위급상황에 겁이 나셨던가 보다.

정기예금에 몇 천만 원씩 두 개의 통장이 있고, 현금은 팔백만원이나 큰돈을 집안에 보관해두고 계시다 갑자기 병원에 누워계시니 마지막 길 같으셨나 보다. 당신을 위해서는 작은 돈도 허투루 써보지 않던 귀한 돈을 펼쳐내시고 속마음을 풀어내신다.

이런 소중한 돈을 누구에게 주라하지 말고 당신 병원비로 쓰라하든지 아니면 큰 아드님이 9년 동안 요양병원에 있는데 병원비에 보태고 싶었다 하셨으면 더 마음이 아팠을 텐데, 드리는 돈마다 쓰지도 못하고 모으고 또 모으고, 쌓고 또 쌓아 현금 800만원을 집안에 보관해 놓으셨다가 마지막 가시는 길이라 생각하시고 나누어주고 싶으셨나 보다. 며느리로서 감격하고 눈물이라도 흘려야 할 상황인데 왠지 내 마음은 편하지도 감동스럽지도 않고 오히려 갑갑함이 밀리어 왔다. 돈이란 상황에 맞춰 알맞게 써야지 주변사람에게 상처를 주면서까지 모으기만 하면 어찌 한단 말인가?

몇 년 전 할머니와 함께 지내면서 대학생활을 하던 작은 딸애가 어느 날 지갑을 통째로 잃어버렸던 사건이 클로즈업되었다. 해운대경찰서에서 분실물습득 연락을 받고 "어떻게 학교 갔어?"라고 물었더니 "할머니가 차비 주셨어."라고 답한다. "얼마?"했더니 "천원."하길래, "집에는 어떻게 왔어?"하니 "친구에게 빌렸어, 괜찮아."하는데 성격 좋은 딸애의 그 말 '괜찮아'가 나에게는 왜 그리 아픔이든지…….

없는 살림에 그래도 시어머니께 생활비를 꼬박꼬박 보내 드렸는데, 지갑을 잃어버리고 난감해했을 아이한테 내밀었다는 돈은 단돈 천원, 버스 한 번 타면 딱 그만인 금액이 아닌가. 손녀딸이 학교는 가기만 하고 돌아올 때는 어찌 돌아오라고 그러신 걸까? 내 상식선에서는 도저히 이해가 되지 않았다. 이미 지난 일이지만 시어머니가 야속하고 작은 딸 보기도 부끄러웠던 기억이다.

둘째 딸이 대학생활을 시작하면서 할머니와 생활할 때 닥친 작은 시련이다. 그때 아이에게는 어려움을 이겨낼 버팀목이 할머니 단 한

분이었을 텐데, 어렵고 힘들 때 천 원이 아니라 만 원짜리 한 장 쥐어주셨더라면 좀 좋았을까. '어머니 지금에 와서 몇 백만 원을 주신들 무얼 합니까. 그렇게 대학공부를 마친 아이는 이제 어엿한 직장인이 되어 사회의 일원이 되고 경제인으로 생활한답니다. 단단한 옹이처럼 박혀 쉬 지워지질 않는 앙금, 천만 원으로도 치유될 수 없는 아픔이었던 것을, 나에게도 작은 딸애도 상처였던 것을 당신은 아직 모르시나 봅니다.'

할머니 통장에 돈이 있었다는 이 사실이야기를 작은아이는 모르게 하고 싶었다. 지난 일로 할머니께 원망하는 마음을 갖게 하고 싶지 않아 동생한테는 비밀로 하자고 큰아이에게 단단히 일렀다. 또 시어머니께는 곧 기운을 차리실 테니 고이 아껴온 돈을 누구에게 줄 생각 말고 즐겁게 다 쓰시라고 말씀드렸다. 병환도 심각한 상태가 아니라는 것을 유치원생에게 설명하듯 하나하나 짚어가며 설명을 했다. 중환자실에 계시지 않는 것과 링거도 하나 밖에 안 맞고 계시니 병이 심각한 상태가 아니라며 안심을 시켜드렸다. 기운만 차리시면 곧 좋아져 퇴원할 수 있다고 말씀드렸다.

안심이 되셨는지 시어머니는 시간 맞춰 나온 병원 밥을 처음으로 조금 드셨다. 의사의 진단보다 자손들 모두를 보고 위안을 받으시고 힘이 나셨나 보다. 다음 날 한결 좋아지신 모습을 보고 남편과 나는 집으로 올라왔다. 올라오면서 생각을 하니 우리 어머님은 병실에 누워서 무슨 생각을 하실까? 채운 곡간을 식구들에게 보이셨으니 웃고 계실까 울고 계실까? 당시 어린 손녀딸이 처한 곤경에 당신의 사랑과 아량이 좀 더 필요했었음을 기억이나 하실까? 벚꽃 송이송이 터지는 봄날, 꽃잎 수만큼 모든 나무에 1,000원짜리 지폐를 달고 싶다. 그러면 내 속에 자리했던 아픈 기억도 봄바람에 날아가려나. 슬픈 봄날이지만 유난히 고운 벚꽃의 계절이다.

전생에 진 빚

고산 윤선도는 오우가에서 '내 벗이 몇인가 생각하니 송죽과 수석이라 동산에 달 오르니 그 더욱 반가구나'라고 노래하고 있다. 사시사철 푸른 나무도 있고 변화지 않는 자연물도 있지만 하늘높이 떠 있는 달이 벗으로 최고라는 이야기가 숨어 있다.

이 오우가의 다섯 벗 중 늘 푸른 소나무도 좋지만 나는 달을 매우 좋아한다. '작은 것이 높이 떠서 만물을 다 비추니 밤중의 광명이 너만한이 또 있느냐. 보고도 말 아니하니 내 벗인가 하노라'하는 이 문장이 참으로 좋다. 사람사이도 마찬가지다. 잠시 왔다 가는 인연이 있는가 하면 은은하게 맘속에 자리 잡고 있는 사철 푸른 나무 같은 사람도 있고, 뿌리고도 거두지 아니하는 달 같은 사람도 있다.

어렵고 힘든 삶의 행로에 보이지 않는 손의 도움을 받는다는 것은 긴 가뭄에 한 줄기 소낙비요, 목마른 자에게 건네는 한 그릇의 생수인 것이다. 나에게는 늘 보이지 않는 손길이 위기 때마다 찾아와 삶의 끈을 이어갈 수 있게 해 주었고 그 힘으로 오늘까지 왔다. 가스레인지에 불을 켜놓고 곰국을 끓이다가 그만 곤히 잠들어버렸는데, 누군가가 나를 벌떡 깨어나게 했다. 방문을 열고 나갔더니 온 집안이 연기에 가득 차 앞이 보이지 않았다. 진동하는 냄새에 정신이 번쩍 들어 가스레인지 불을 끄고 솥을 들어보니 삼중 바닥 밑창이 뚝 떨어진다. 혼비백산할 그 와중에도 이상하다? 누가 나를 벌떡 일어나게 했을까 하며 두 손을 모으게 했다.

몇 번의 이런 감사함을 겪으며 눈에 보이지는 않지만 나에게 관심 갖고 위기로부터 나를 구하고자 하는 보이지 않는 수호천사가 있음을 알게 되었다. 보이지 않는 손의 힘도 대단하지만, 살아 있는 사람의 도움을 받는 것도 때때로 큰 힘이 된다.

12살에 엄마를 여의고 새엄마와 경남 하동군 옥종면에서 중학교 시절을 보냈다. 고등학교는 진주 삼촌 댁에서 다니며 여상을 졸업했다. 그리고 서울서 직장생활을 하면서 이모님 댁에 들어가 살게 되었다. 이모부는 국립대학 총장으로 계셨고, 집안 살림은 이모께서 관장하셨다. 이종사촌오빠 두 명과 언니 두 명이 있었는데 둘째 오빠가 그해에 결혼을 했다. 그때가 1982년이었다. 이종 작은올케언니는 큰 사업을 하는 집안의 장녀였고, 오빠는 공인회계사 합격자였다.

뭔가 거대한 함선이 밀려오는 기분이었다. 새언니도 빠질 데 없이 예쁘고 밝은 성격이었다. 그리고는 미국으로 유학을 떠나서 한동안 볼 일이 없었다. 다른 언니, 오빠도 해외에 나가 있었다. 자녀가 모두 없는 빈 집에서 나는 이모와 이모부의 사랑을 많이 받고 있었다.

1991년 내가 결혼을 하던 해, 드럼세탁기를 사주겠다하는 이종 작

▲ 사랑하는 이모님의 손자들

은올케언니의 배려가 있었지만, 나는 일반세탁기를 주문해놓아 괜찮다고 했다. 그리고 외환위기를 맞아 이종큰오빠 사업 때문에 우리 집이 무척 어렵고 힘든 상황에 처했다. 아무에게도 말을 하지 않았다. 때가 되면 이종큰오빠가 알아서 잘 처리해주리라 믿었다. 하지만 해결된 일은 하나도 없고, 각종 채무고지서만 날아왔다.

아무리 열심히 일해도 경제적 궁핍을 면하지 못하고 아이들 공부시키기도 힘들 때, 작은 올케언니는 나를 보기만 하면 아이들 과일 사주라며 몇 십만 원을 주곤 했다. 내가 부업으로 한 달 내내 고생해야 벌 수 있는 돈을 언니는 내 가방에 넣어주곤 했다. 좋은 관계를 유지하고 지내려면 서로 상부상조하는 가운데 서로에게 유익해야 하고, 만나면 즐거워야 하는데 나는 받기만 한다. 아무것도 언니에게 줄 것이 없었다. 사람이 염치가 있지, 되도록이면 언니를 만나지 않는 게 좋았다. 그래도 언니는 집안행사 때 만나게 되면 영락없이 나에게 경제적인 도움을 주었다.

그러다가 큰아이가 대학에 들어가니, 이제 백만 원 단위로 용돈을 주는 것이었다. 차비가 없어서 버스도 타고 다닐 수 없을 만큼 힘든 시기에 아주 요긴하게 도움은 되었지만, 일방적으로 받기만 하는 나는 무척 마음이 불편하였다. 이제 형편도 좀 나아지고 살만할 때라 받아온 돈을 송금시키겠다고 하니 "오빠가 용돈 줬다 생각하세요."라며 가뿐히 넘긴다. 그러면서 언니는 나에게 무엇이든 주고 싶어 하고 줌으로써 행복해하는 것이었다. 때로는 발 사이즈가 똑같다는 이유로 신고 있던 신발도 벗어주고, 가방도 손수 만들어주고, 무엇이라도 주고 즐거워하는 것이었다.

이런 모습을 보면서 나는 아낌없이 주는 나무 같고, 빗물 같은 정으로 뿌리고도 거두지 아니하는 언니의 모습에서 나의 이모님 모습을 보았다. 감사하는 마음을 어떻게 전해야 할지 많은 고민을 했다. 세상의 어떤 언어로도 표현할 수 없는 고마움을 어떻게 갚아야 할까 하다가 '그래 이건 전생에 진 빚이야, 그렇지 않고서는 어떻게 이런 일이 있을 수 있어.'라고 생각하기도 했다. 더 이상 어떤 표현도 찾을 길이 없었다. 그래서 큰올케 언니한테 제사지내러 오면 작은올케 언니에게 "작은 언니는 전생에 나에게 진 빚이 많은 모양이에요."라고 전해 달라고 했다. 늘 일방적으로 베풀기만 하는 인간관계는 오래 유지 될 수가 없는 것이다. 그런데도 따뜻한 맘으로 희망과 용기를 함께 실어 보내주는 이종 작은올케 언니가 반짝이는 등대처럼 위안이 되었다. 전생에서 진 빚을 받았다면 이제는 이생에서 받은 사랑의 빚을 내생에서 갚아야 할 텐데 나에게 그런 능력이 있을 지 확신이 서질 않는다. 외환위기의 빚잔치를 끝내고 나니, 인생의 끝자락에 와 있는 내가 할 수 있는 일이 무엇일까?

나의 이모와 이종올케언니들은 베풀고도 공치사는커녕 아무 내색도 하지 아니한다. 그 감사의 깊이가 하늘 높이 떠서 밤중의 광명을 보고도 말 아니하는 달과 같다. 자주 만나지는 않지만 항상 마음으로 감사한다. 주고도 욕먹는 사람이 있는가 하면, 받은 거 없으면서도 늘 주고 싶은 사람이 있다는 사실도 한 번쯤 생각하면서 살자. 내가 받은 은혜만큼, 나도 누군가를 위해 나눔 천사의 마음을 늘 간직하고 살아야겠다.

작은 딸 취직이야기

까칠한 밤송이가 벌어지면, 밤색 옷을 입은 알토란같은 밤알 세 톨이 꽃송이처럼 담겨 있다. 내게는 세 아이가 있다. 그 중 둘째는 앞에서 세어도 둘째, 뒤에서 세어도 둘째다. 작은 딸은 위로 언니와 아래로 남동생을 두었다. 둘째는 특별한 이유 없이 두루뭉술하게 자랐다. 그래서인지 가장 건강한 아름다움을 지녔는지도 모른다. 늘 긍정적인 마인드로 사람들과의 틈에 회오리를 일으키지 않고 공기청정기 역할을 한다.

둘째아이는 집을 떠나 부산 할머니집에서 대학생활을 했다. 할머니에게 큰딸은 첫 손녀이고 태어나서 한 달되었을 때부터 부산으로 데려가 키웠기 때문에 무조건 예쁜 손녀였다. 막내는 손자라 예뻐했는데, 둘째 딸은 가운데 밤톨같이 스스로 알아서 사랑받는 법을 터득한 것 같았다. 할머니 집에서 대학을 다니다가 한 학기는 필리핀 세부에 있는 선배가 운영하는 어학원에 근로장학생으로 가느라 휴학하고 또 한 학기는 서울에 있는 숙명여대 교환학생으로 가서 공부하느라 할머니 집을 비웠다. 할머니와 함께 있는 4년 동안 '청소를 안 한다',

'밤늦게 다닌다' 등의 이유로 할머니의 눈에 가시 박힌 손녀가 되어 정신적 갈등이 많았던 모양인데, 둘째아이는 늘 푸르게 "괜찮아."라고 했다.

졸업식도 한 학기 늦추어져 다음해에 하고 아빠만 참석했다. 국제관광학과를 나와 취직을 어떻게 하나 걱정했는데, 포천 집에 와있는 동안 이력서를 여기저기 넣었다. LH 주택공사에 서울지역 전세자금 대출신청도 넣고 나름대로 분주히 움직이더니 서울 삼성동에 있는 호텔에 1차 서류전형에 합격하여 면접을 보러 가야한단다. 한 명 뽑는다는데 서류전형에 합격한 다섯 명이 면접을 봤다한다. 그 중에서 세 명을 뽑아 다시 임원진 면접을 또 봐야 한단다. 1차 면접 통과했으니 2차 면접을 보러 오라는 메시지가 왔다. 그리고 최종적으로 한 명을 뽑는다는 것이다. 엄마인 나도 긴장되었다. '한 번에 끝낼 일이지, 면접 때문에 애들 피 말리겠네'라며 지켜보던 나까지 초조했다. 열심히 기도하고 주변 지인들에게도 "지금은 기도의 힘이 필요해, 기도 좀 해 달라."고 부탁했다. 2차 면접 보고 온 날, "엄마, 이번엔 2등은 할 것 같은데 1등은 안 될 것 같아, 세 명이 면접을 봤는데, 한 명은 아빠가 스위스 주재원이고 스위스에서 호텔경영학과를 졸업했어. 그러니 스펙도 좋고 영어도 잘하는데 내가 면접관이라도 그런 애 뽑겠어?"라고 한다. 기운이 팍 빠지는 느낌이다. 그래도 겉으로는 "기다려 봐, 하늘이 도울지도 모르잖아."라고 말했다.

최종 면접은 기대 반 포기 반이었는데, 당당히 합격했다. 서울 삼

▲ 작은 딸 임예진

성역에 있는 인터컨티넨탈호텔에 2018년 9월에 출근하라는 문자가 왔다. 때마침 한 달 전에 신청한 주택공사 전세자금도 대출승인이 떨어져 서울에 있는 원룸에 전세를 들 수 있었다. 우리 집 한 채보다 비싼 1억2천만 원짜리였다. 부모의 경제적 여건이 어려우니 알아서 스스로 사는 법을 터득하여 해결해나가는 모습이 대견스러웠다. 일도 순조롭게 진행되어 다행이었다. 전세자금이 나올 때까지 잠시 친구네 원룸에 얹혀살다가 입주를 했다. 석촌호수 근처에 위치한 딸집에 간혹 가면 산책코스가 있어 좋았다. 커피 한 잔의 여유로움은 이럴 때 필요했다. 작은딸 덕분에 간간이 행복한 시간을 즐길 수 있었다.

어느 날 컴퓨터를 열어보다가 둘째가 쓴 자기소개서를 보게 되었다. 거기에는 이런 내용이 담겨 있었다.

부산 서면 롯데백화점 준주얼리 매장에서 아르바이트를 했다. 이 매장의 한 달 매출액이 오백만원 정도였다. 이 매장 대표님께 매장관리에 대한 의견을 제시했다. 창업박람회에 부스도 만들고 매장을 하나 더 만들어 관리를 하면 매출에 많은 도움이 될 것이라는 아이디어를 낸 것이다. 대표가 수용하여 둘째딸의 의견대로 실행을 하였더니 일 년 동안 근무하면서 월 매출액을 팔천삼백만원까지 올려놓고 아르바이트를 그만두었다는 자신의 경험담이 있었다. 처음 접한 딸의 장사능력에 깜짝 놀랐다. 제 아빠를 닮아 영업에 천재적인 소질이 있나 보다. '이건 완전 장사꾼이잖아, 대단하네.' 매장을 그만둔 후에도 대표가 해외에 물건을 사러 나갈 때 딸을 데리고 나간 적이 있다.

이제 취업 1주년이 되어 가는데, 그 어렵게 들어간 호텔을 그만두겠단다. 청년실업자 수가 얼마이고 취업이 안 되어 난리인데 신중하게 생각하라고 말해줬다. 그랬더니 "엄마, 걱정하지 마, 내가 알아서 할게."라고 한다. 활동적인 일을 해야 하는데 사무실 의자에 앉아 행정업무를 보는 일이 마음에 들지 않는 모양이다. 자기일은 알아서 잘 하고 있지만 그래도 걱정이 되는 게 부모의 마음인가 보다. 어디를 가든 무슨 일을 하던 사람들의 마음을 편안하게 해 주는 예쁜 마음을 가진 둘째딸이 일 년 동안 현장업무에서 익힌 경험이 있으니 또 다른 일을 찾아 가더라도 잘 해내리라 믿는다.

성격 좋은 아이가 성공하는 시대다. 세상은 인성이 밝고 맑으면서 타인의 마음을 어루만질 줄 알고, 내 할 말보다 듣기를 잘 하는 사람을 원한다. 이상은 높게 가지되 자세는 낮추고 겸허하게 삶을 사는 아이가 가운데 밤톨 같은 둘째 딸 임예진이다. 이야기를 나누다 보면 마음에 평안을 가져다주어 해피바이러스라고 제일 좋아하는 사람이 아빠다. 대화소통의 창구이자 우리 집 행복에네자이저로서 역할을 많이 한 둘째딸이다. 꽃길이 아닌 들길을 걷더라도 들꽃의 향기에 취할 줄 아는, 멋진 삶을 살기 바라는 엄마의 소망을 살포시 전한다.

둘째 딸이 초등학교 때 쓴 시 한 편을 소개한다.

임예진 파이팅 ~~^^

우리 마을 지킴이

임 예 진(둘째 딸, 덕정초등학교 5학년)

울그락 불그락
빨간색 노란색
알록달록 색깔들

바스락 바스락
부스럭 부스럭
낙엽 밟는 소리

투르룩 투루룩
은행 떨어지는 소리
사람들 모두 나와
은행 줍기 게임하네
우리 마을 단풍나무
우리 마을 단풍정자

우리 마을 은행나무
우리 마을 은행 정자

여름 정자 은행 정자
가을 정자 단풍 정자

우리 마을 지켜주는
은행 정자 단풍 정자
우리 마을 지킴이

- 2005년 양주시립도서관 『한사랑문학』 게재 시

아들이 군대 가던 날

2015년 8월 3일은 우리 집 막내아들이자 장남인 임호성이 논산훈련소에 입소하는 날이다. 아들의 고등학교 동창인 오다민과 박주현이 동행한 가운데 아침 일찍 논산으로 출발했다. 초행이라 무척 긴장되었다. 머리를 빡빡 깎고 차안에서 친구들과 장난치고 이야기하는 소리를 들으면서 오다보니 금세 논산에 도착했다. 때는 휴가철인지라 점심을 먹기 위해 찾아간 식당마다 모두 만원이다. 사전 예약을 하지 않으면 식사를 할 수가 없었다.

사전 정보 없이 손님이 많은 식당에 들어갔다가 문전박대를 당하고, 한산한 식당을 찾아 자리를 잡고 돼지갈비와 냉면을 시켰다. 할아버지와 할머니 두 분이 운영하는 식당인데, 여기서 논산훈련소까지는 10분도 안 걸린다며 천천히 여유롭게 식사를 할 수 있다고 한다. 12시 30분에 도착하였으니, 우리도 마음에 여유가 생겼다. 여유롭다 하시더니 식사 준비를 서두르지 않아 갈비를 먹고 시계를 보니 1시 30분이었다. 그런데 냉면이 안 나왔다. 그냥 가려고 하니 할아버지가 2시 10분 전에 출발해도 된다며 냉면을 먹고 가란다. 식당을 나오니

▲ 손목 꺾인 거수경례

1시 50분이었다.

초행길이라 내비게이션을 찍었는데 길을 잘못 들어 방황하다가 겨우 찾아 갔더니, 이게 웬일인가? 휴가 차량과 논산 훈련소 입소 차량들도 도로가 꽉 막혀 복더위 보다 더한 진땀을 빼게 했다. 1km 남았는데 5분 전이다. 차 안에서 온갖 묘수를 짜내다가 안 되겠다 싶어 아들을 차에서 내려 뛰어가게 했다. 친구들도 덩달아 같이 내려 뛰어간다. 입소 준비물은 입소행사 마치면 그때 전해주기로 했다. 조금 있으니 여기저기 차량에서 아이도 내리고, 여자 친구도 내리고, 삼촌도 내리고, 아빠도 내리고 너도나도 달리기를 한다. 순식간에 한 줄로 구보행렬이 이어진다. 차 안에서 바라보니 진풍경이다. 서운한 마음은 사라지고 웃음이 절로 난다. 한편의 코믹드라마를 보는 듯한 웃지 않을 수 없는 장면이 연출되었다.

천천히 빠져나온 차량을 주차하고 아들 소지품을 챙겨 훈련소 행사장을 찾아 갔더니, 날씨가 더워 행사는 취소되었다며 입구에서 모든 것을 통제했다. 아들의 모습은 보이지 않고, 아들 친구 둘이 입구에서 “안녕.”하며 들어가는 아들 뒷모습을 동영상으로 찍었다며 보여준다. 행사요원 헌병에게 상황을 설명하고 어떻게 해야 되냐고 했더니, 아들 이름과 엄마 연락처를 적어주면 전달하겠단다. 입소 첫날부터 군기 빠졌다고 얼차려 받을까봐 걱정이 된 나는 “아이들 잘못이 아니니 참고해 달라.”고 간곡히 부탁했다. 처음 본 논산훈련소의 시설과 규모는 대단했다. 무더위를 식히기에 제격인 커다란 나무들은 진갈매빛으로 둘러싸여 있고, 넓은 공간들은 역사의 아픔을 고스란히 담고 있었다.

아들을 훈련소에 입소시키면서 어처구니없는 일을 당하고 보니, 나도 어처구니가 없었다. 남들은 아들 군대 보내고 얼마나 슬펐냐고 위로했지만, 웃음만 나오는 상황을 설명하면서 세상에 이런 일도 있을 수 있구나 싶었다. 서운할 것이라는 마음을 웃음으로 맞이하였고, 훈련소의 위용은 든든함으로 다가왔다. 그런 상황을 이해해준 군 관계 당국도 고마웠다. 아들은 군대를 의무경찰로 가려고 대학 2학년 1학기를 마치고 지원을 했다. 경쟁률이 엄청나다는 사실을 알면서 경찰행정학과를 다니니 의무경찰을 지원하는 것이 여러모로 도움이 될 것 같았다. 일단 일순위에 의무경찰을 두었는데, 다행히 뜻한 대로 의경에 입소하게 되어 기뻤다.

어떤 친구는 열 번을 지원했는데도 떨어졌다는 소식도 있었다. 하여 몇 번 실패하리라 생각했다. 첫 지원 때 애완동물 알레르기가 심해 검사하느라 24시간 몸에 부착하는 기계를 달고 있어야 했다. 하필 이날 신체검사를 받는 날이라 검사 중에 윗옷을 다 벗었는데 람보 같은 기계장치가 몸에 있으니, 깜짝 놀란 검사관이 뭐냐고 했다 한다. 당연히 1차 탈락하고 2차 지원하여 합격했다. 요즘은 군대에 가겠다고 해도 지원자가 너무 많이 밀려서 갈 수가 없다는데, 아들은 제때에 군대를 가게 된 것이다. 덕분에 나는 대한민국의 국군엄마가 되었다.

아들에게 딱 한마디 했다.

"오늘부터 너는 엄마의 아들이 아니라 대한민국의 아들이다. 제대하는 날까지 국방부가 너의 보호자임을 명심하고, 엄마가 찾아올 때까지 자랑스러운 대한민국의 아들이 되길 바란다."

논산 훈련소의 수료식이 있던 날

논산훈련소에 다녀온 일주일쯤 지나, 아들의 개인 소지품이 장병택배로 왔다. 언제 오나 기다리고 있던 터라 반갑게 풀어보았다. 단체사진과 증명사진이 아들 대신 동봉되어 왔다. 잠깐 아릿한 아픔이 왔지만 씩씩하게 잘 지내리라 생각하고 멋진 모습만 보기로 했다. 첫날 찍은 단체사진을 보고 얼마나 흐뭇하던지. 꺾어진 거수경계를 보고 얼마나 웃었는지. 사진을 본 아들의 친구들은 벌써 병장 폼이라느니, 대장포스가 난다느니 한 마디씩 했다. 논산훈련소의 인터넷 카페에 들어가면, 공지사항도 볼 수 있고 언제든지 아들에게 편지를 쓸 수가 있다. 나는 매일 짬 날 때마다 수시로 메아리 없는 편지를 썼다. 4주의 훈련기간을 끝내고 수료식을 한다고 부모들을 초청했다.

그동안의 수고에 대한 격려로 부모들은 아이들이 좋아하는 음식을 잔뜩 준비해간다. 긴장과 기대 부푼 맘으로 무엇을 어떻게 준비해야 하는지 훈련소 카페는 질문으로 가득하였다. 의무경찰은 수료식 끝나고 4시에 바로 입소해야하기 때문에, 시간이 짧았다. 의무경찰훈련소에서 3주의 훈련을 또 받아야 한단다. 먹는 것보다 휴식시간이 필요

▲ 수료식 날 용민이와 함께

할 것 같았다. 그런데 휴대폰을 가져오라는 주문이 첫 번째였다. 잠깐 쉴 수 있는 펜션을 예약했다. 몸이 불편한 외할아버지와 엄마, 아빠 그리고 친구 한 명이 포천에서 출발하고, 부산에서 할머니와 이모할머니, 그리고 고모가 새벽시장가서 아들이 먹고 싶다는 광어회를 준비해왔다. 고등학교 동창생인 용민이가 우리랑 함께 갔다.

사전에 연락을 하며 논산훈련소에서 부산 팀을 만났다. 또다시 본 논산훈련소는 입소 때의 그 장소가 아닌 연무대라는 곳이었다. 수많은 사람들 틈에서 행사요원의 안내를 받아 실내행사장에 자리를 잡고 앉았다. 군복을 입은 씩씩한 모습의 아들들이 중대별로 착착 도착하였다. 그 많은 아들들이 하나같이 움직이는 모습을 보고 우리는 많은 박수를 보냈다. "부모님을 향하여 경례!"하니, "충성!"하는데 감동받은 부모들의 우레와 같은 박수소리에 아들들의 기상은 더욱 더 살아나고 나는 이유 없이 눈물이 났다. 이모할머니께서 "아들이 있으니 이런 데도 와보구 좋제?" 하신다. 이분의 큰아들이 논산훈련소 수료식 때 의장대 지휘봉을 잡고 멋진 수료식을 했던 기억이 떠올랐다.

연이어 연대장님의 인사말이 있었다. 30초 만에 끝나는 인사말에 잠시 침묵이 돌다가 감사의 박수가 터져 나왔다. 1분이라도 더 아들들과 함께하라는 연대장님의 배려와 재치 넘치는 말솜씨에 그만 넋을 잃었다. 그러자 아들과 똑같은 군복을 입어 누가 아들인지 구별이 안가 한참을 배회하다가 만난 아들은 얼굴 가득 웃음이 만발했다. "내무반에서도 내가 막내야."하며 귀여움을 받았던 아들은 형들과 헤어지기 싫다며 동기들과 사진을 많이 찍었다.

펜션에 도착하여 푸짐한 음식상이 한 상 넘치게 차려졌는데, 음식보다 함께 간 친구 용민이와 이야기하고 휴대폰으로 친구와 안부를 나누느라 정신이 없었다. 훈련소에서 동기들과 잘 지낸 이야기며 의경훈련소 가는 이야기를 듣고 싶어 하는 우리와는 달리 녀석은 딴 세계에서 친구 찾기만 하면서 즐거워한다. '그래, 건강한 모습 봤으면

됐지, 오늘은 너가 하고 싶은 대로 편안히 있다가 가는 게 최고지. 우린 너를 보는 것만으로도 행복해.'

입영하던 날 지각한 일이 있어 이번에는 서둘러 일찍 집합장소인 연무대로 갔다. 부대 배치에 따라 의무경찰훈련소가 달라 아들은 동기생들을 만나 아쉬움을 나누었다. 주변을 둘러보니 가을운동회 할 때의 점심시간 같았다. 편의시설도 잘 되어 있었고, 날씨도 화창한 가을이었다. 대한민국의 군인이 자랑스러웠고, 아들이 대견했다. 논산훈련소는 우리나라 최고의 훈련소로 손색이 없었다. 크기도 웅장하였고, 시설도 잘 해놓았고, 역사도 깊었다. 홈페이지도 얼마나 잘 되어 있는지 인터넷으로 편지를 보내면 아침저녁으로 하루에 두 번 전달해주고, 단체사진도 일주일에 한 번씩 올려주었다.

아들이 입대하기 전 기수에서 훈련을 받다가 날씨가 너무 더워 한 훈련병이 사망을 한 것이다. 그래서 아들기수에서는 부모님과 함께 하는 입소식행사를 취소하고 실내에서 행사를 했다. 고온다습한 장마기간에는 화생방 훈련도 면제되었다고 한다. 훈련소가 긴장되어 있던 시기라 아들 기수에서는 그래도 좀 훈련이 수월하였던 것이다. 말로만 듣던 논산훈련소의 추억을 떠나보내고, 본가인 의무경찰훈련소로 가는 긴 행렬의 관광버스에 손을 흔들어주었다. 엄마의 마음도 아쉬움으로 흔들리고 있었다.

어미의 우울함을 삭이는 웃음

큰일을 당하면 의외로 담대하게 일처리를 잘 하다가도, 아주 사소한 것에서 감정의 가시가 돋아 일을 어렵게 만드는 경우가 가끔 있다. 하지만 워낙 감당하기 힘든 일로 대책을 찾지 못해 앞이 캄캄할 때, 대책을 강구하지도 않은 채 자포자기하고 싶을 때도 있다. 십 원짜리 한 푼 써 보지도 않고 갚아야 할 돈이 억대라면, 아무리 보증을 선 도의적인 책임이 있다지만, 법적인 효력은 너무나 냉엄했다. 갚을 능력도 없는데 이자가 이자를 낳아 불어나는 보증빚의 광채에 눈을 뜰 수가 없었다. 내가 그런 상태일 때, 아들은 꾀보동자가 되어 나를 웃게 하며 희망을 심어줬다.

꾀보동자

저녁식사 준비로 마트에 가서 찬거리를 사서 돌아오는 길이었다. 두 돌 지난 아들은 걷기가 힘들었는지 들고 있던 과자봉지를 바닥에 떨어뜨린다. "주워"라고 하니, "엄마가"라 말한다. 내가 주우려고 앉았더니, 얼른 등에 가서 업힌다. "업어줘."한다. "엄마가 짐이 있어

▲ 아들이 가장 좋아하는 사진

힘들어, 조금만 더 걸어가자."하고 집 근처까지 왔다. 도저히 안 되겠는지 이번엔 손에 있는 동전을 던진다. "주워."라고 하니, 또 "엄마가"한다. 이번엔 손깍지를 끼고 놓지를 않는다. 이렇게 해서 누나의 학교 교지 학부모 글쓰기에 「꾀보동자」라는 시 한 편을 실었다.

차 힘

네 살쯤 되었을 때다. 아파트에 주차돼 있는 차를 밀어 본다. 차가 밀린다. 자기 키보다 몇 배나 되는 거대한 차가 움직이는 대단한 발견을 한 것이다. 이 차 저 차 막 밀어보다가 수위 아저씨한테 혼나고 집에 와서 "할아버지, 차 힘!" 하며 차를 미는 시늉을 한다. 그때부터 외할아버지는 호성이만 보면, "차 힘!"하며 자랑스러워했다. 또래에 비해 체격도 좋아, "고놈, 딱 장군감이네" 라며 주변 어른들의 칭찬이 자자했다.

바둑학원

4살 때 바둑학원에 등록하여 몇 개월간 다닌 적이 있다. 처음에는 학원가기 싫다며 아침마다 등원차량에서 울고 안가겠다고 떼를 썼다. 학원에 가서도 한동안 울고 혼자 있다가 귀가한다고 선생님이 귀띔해 주었다. 아침마다 친구들과 나눠 먹으라고 간식을 싸서 보냈다.

하루는 귀가한 호성이에게 "바둑 한 판 두자."했더니, "응."한다. "호성이는 흰 돌. 엄마는 검정 돌로 한다."했더니, "검정돌이 아니고 흑돌이라고 해, 나는 백돌."한다. "요렇게 잡아."하며 바둑 쥐는 법도 가르쳐 준다. 다음날 선생님께 이야기 했더니, "울기만 했는데 다 듣고 있어나 봐요."한다. 잘 가르치면 훌륭한 기사가 될 것 같다는 희망을 품게 했다.

호박고추

덕정초등학교 병설유치원에 다니던 어느 날 "엄마, 친구들 고추는 당근 고춘데 왜 나는 호박고추야?"라고 묻는다. '무슨 말이지?'하고 생각해보니, 태어나자마자 아들을 포경수술해준 게 떠올랐다. 화장실에서 보니 친구들의 늘어진 고추모양과 포경수술을 해서 달라붙어 있는 아들의 고추모양이 달랐던 것이다. 어떻게 이런 표현을 할 수 있을까하고 절로 웃음이 났다. 글쓰기를 잘 할 것 같다는 착각을 하게 했다.

쥐 먹고 왔어?

초등학교에 입학하여 첫 학부모 참관수업을 하는 날, 나름대로 꾸미고 가느라 빨간 립스틱도 바르고 예쁜 옷도 챙겨 입고 갔다. 교실 뒤쪽에 서서 참관하고 있는데, 모둠별로 참여 수업이 연달아 진행되었다. 아들 모듬에 가서 함께 활동하려는데, 아들이 "엄마, 귀 대봐." 한다. "왜?"하고 귀를 댔더니, "ㅇㅇ 먹고 왔어?"한다. "뭐라고"했더니, "쥐 먹고 왔냐고"한다. 갑자기 웬 쥔가 싶어 절로 웃음이 났다. 립스틱 색깔이 너무 새빨갰나 보다. 그렇지만 그런 표현은 한 번도 해 본적이 없었는데, 어디서 들었는지 참 기가 막혔다. 그 다음날부터 빨간색 립스틱을 바르게 되면, 웃음부터 칠하게 되어 행복바이러스가 넘치는 날이었다.

미아의 공포

천보터널 공사가 한창 진행 중일 때 그곳을 지나게 되었다. 작은 누나랑 차 안에서 하도 다투기에 둘을 길가에 내려놓고 터널을 지나와서 어떻게 하나 지켜본 적이 있다. 아마 녀석이 5살쯤 되었을 때의 일이다.

지나가던 차가 어떻게 알았는지, 창문을 열고 애들이 울고 있다고 알려주고 간다. 시간이 좀 지나 가 봤더니, 누나는 돌멩이 갖고 놀고 있고, 아들은 울어서 난리가 났다. 몇 년이 지나 공사가 완공되고 그곳을 통행하는데 아들이 "엄마, 우리 여기에 버리고 갔었지?"한다.

주변 환경이 많이 변해 있었는데도 알아보는 것을 보니, 어린 마음에 상처가 컸던 모양이다.

탈장수술

의약분업으로 온 나라가 시끌벅적할 때, 대학병원에 아들의 탈장수술을 예약해놓았다. 수술날짜에 맞추어 파업이 시작되어 입원도 못하고 날짜를 연기해놓고 있었는데, 갑자기 "엄마, 배 아파."라고 한다. 바지를 내려 보니 달걀만 한 크기의 혹이 볼록하게 내려와 있다. 위로 밀어넣으면 평상시는 잘 올라갔는데, 딱딱해져서 꼼짝을 않는다. 통증이 심한지 계속 울어 안 되겠다 싶어 119에 전화를 했다. 10분도 안되어 구급차가 도착했다. 그 사이 통증이 사라지고 혹이 들어갔다. "병원 안 가도 될 것 같다."고 했더니, "아이들 일은 모르니 그래도 가보는 것이 좋을 것 같다."고 구급대원이 말하여 병원으로 갔다. 이런저런 수속을 밟고 응급실을 다녀왔는데, "지금은 괜찮으니 집에 가도 좋다."고 한다. 더 이상 기다릴 수가 없어 동네병원에서 수술을 했다. 수술실에서 울면서 깍지 낀 손을 엄마 목에 걸어 꼼짝 못하게 하는데, 힘이 장사였다. 마취과 의사선생님이 와서 주사를 놓으니 그만 손이 스르륵 풀어지고 잠으로 빠져드는데 장사도 별 수 없었다.

늘 배고파

밥 먹고 돌아서면 "엄마, 배고파."하는 아들에게 "도대체 뱃속에

뭐가 들어 있을까?"했더니, "거지."라고 한다. "거지 몇 명"하니 "다섯 명, 그런데 아직도 두 명이 밥을 못 먹었대."라고 한다. 나는 "위를 키워 위대해지지 말고, 우린 훌륭해지자."라며 희망의 불을 지핀다.

런닝메이트

고등학교 2학년 2학기 반장선거에서 반장이 되었다고 한다. 학업성적이 우수한 편이 아니라서 어떻게 반장이 되었는지 궁금했다. "호성아, 반장 선거 때 인사말은 어떻게 했어?"라고 했더니, "엄마, 런닝메이트라고 알아?"라고 한다. "미국대통령 선거할 때 쓰는 방법이잖아?"했더니, "우리도 런닝메이트로 선거를 했는데, 부반장이 다 했어. 나는 가만히 앉아서 반장됐어."한다. 호성이를 좋아하는 친구들이 몰표로 밀어줬다는 이야기를 군입대 하던 날 오다민이가 들려주었다.

외환위기의 늪에서 세 아이를 키우느라 힘들어할 때 막내이자 맏아들인 호성이가 자라면서 했던 작은 유머와 겪었던 일들이다. 호성이의 코미디 같은 임기응변에 엄마는 웃을 수 있어 행복했다. 가르쳐주지도 않았는데, 어떻게 저런 유연성을 창작할 수 있을까 싶어 천재성이 있다는 희망을 잃지 않았다. 범상하지 않다고 생각했다. 고등학교 3학년 담임선생님도 "호성이가 입을 열면 아이들이 빵빵 터집니다."라며 유머감각을 칭찬했다. 이 기대감을 저버리지 않고 끝까지

믿어 볼 것이다.

임호성 파이팅~~~. ^^

3부
바람 한 점에도 사랑은 가득하고

바람 한 점에도 사랑은 가득하고

바람이 얼굴을 스치며 지나갑니다. 풀잎들은 바람보다 먼저 눕고 바람보다 먼저 일어난다고 했습니다. 인생을 사진으로 비유할 때 좋은 것만 바라보고 찍은 사진이라면 감탄은 있어도 감동은 없을 것입니다. 반면, 삶을 나쁜 모습만 바라보고 찍는다면 그것 또한 회의와 비탄에 빠져 감동이 없습니다. 인생이 값진 것은 삶의 고난을 이겨나가는 과정에서 느끼는 감동이 있기 때문입니다. 꽃길 같은 삶보다 자갈길을 걸으면서 들꽃들의 아름다움을 받아들이는 것이 행복입니다. 나는 그동안 어떤 삶을 살아왔나 생각하며 지나온 날을 되돌아봅니다. 힘들었던 지난날이 헛되지 않은 감동을 가져왔습니다. 끝도 없이 이어졌던 고난의 가시밭길을 헤쳐 나오고 나니, 나에게 '참 잘했어' 칭찬과 함께 내 등을 토닥여주는 바람 한 점이 있어 다행입니다.

이제부터 더 맑은 렌즈로 삶의 현장을 더 선명하게 있는 그대로 담도록 노력하며 살겠습니다. 주어진 인생을 어떤 자세로 살아가며 행동하고 실천하느냐에 따라 삶의 향기는 달라질 수 있습니다. 장미꽃밭에만 있으면 세상에 장미향만 있는 줄 압니다. 매향도 난향도 솔

바람향도 있고, 묵향도 있으며, 비린내도 시궁창 냄새도 있습니다. 있는 것을 그대로 받아들이면 더 큰 감동으로 다가오는 것이 삶의 향기입니다. 맑은 눈으로 초점을 잘 맞춰 여기저기 골고루 보며, 내 앞에 펼쳐진 길을 가겠습니다. 좋은 생각으로 좋은 씨앗을 뿌려 열심히 가꾸고 키워보겠습니다. 뿌린 대로 거둔다고 하지 않습니까. 바람이 주는 시원함처럼 나의 삶을 보듬어가겠습니다.

자서전의 글쓰기가 내 안에 있는 감정의 찌꺼기를 털어내는 치유제가 된다는 것을 알았습니다. 남들은 어렵다하는데 자서전을 쓰면서 왜 이리 글쓰기가 재밌는지 모르겠습니다. 이야기보따리 하나를 풀어놓으니, 줄줄이 따라 나오는 이야기들의 아우성 소리가 때로는 땅콩 같은, 때로는 감자 같은 눈물을 흘리게 합니다. 원망과 미움이 되어 안타까운 마음으로 다가오기도 합니다. 내 안에 낀 마음의 구름들이 걷히는 걸 느낍니다. 오래 싸매온 상처들이 아물고 봉합되는 경험을 합니다. 그리고 깨닫습니다. 함께하는 행복이 무엇인지를 비바람치기 전에 눈치 챕니다. 바람은 썩지 않는다는 것을…….

우리는 매일 기적을 행하는 사람인 것을 알고 건강한 삶을 살아야 합니다. 하늘을 날고 물 위를 걷는 것이 기적이 아니고, 볼 수 없는 사람에게는 볼 수 있는 것이, 들을 수 없는 사람에게는 들을 수 있는 것이, 걸을 수 없는 사람에게는 걸을 수 있는 것이 기적이랍니다. 우리는 매일 기적을 행하고 사는 사람들입니다. 꼭 벼랑 끝에 서 봐야 할 필요는 없습니다. 고통과 아픔에 시달려 본 사람의 수기를 읽으며 그 작가의 아픔이 나의 아픔인양 간접체험으로도 공감대를 형성 할 수 있습니다. 이제 마이카시대를 지나 마의북시대입니다. 나의 살아 온 삶이 뜻대로 성공하지 못하여도, 나의 노고가 녹아 있는 사연은 다른 사람들의 귀감이 될 수도 있습니다. 내 지난날을 되돌아보고, 살아 온 날의 지혜를 모아 우리 집 생활일지를 기록해봅니다. 옛 어르신들 특히 어머님들이 '내 인생을 글로 쓰면 소설이 몇 권은 족히 나올 거야.'라고 하시던 말씀이 생각납니다. 이제 그 소망은 얼마든지 이루어질 수 있는 시대에 살고 있습니다. 생활의 엑기스를 뽑아 후손들이 슬기롭게 살 수 있는 책 한 권을 유산으로 물려줄까 합니다. 말로 하면 잔소리가 되지만 책으로 엮어주면 유물이 됩니다. 풍랑의 파도를 건너 바람의 그림자가 되어 함께 할까 합니다.

사유와 사색 없이 명언이 탄생할 수 없듯이, 삶의 여정에서 시련과 고통이 없을 수 없습니다. 선조들의 삶속에서 나온 속담이 얼마나 과학적인지, 현대를 살고 있는 나도 깜짝깜짝 놀랍니다. 그것이 지혜고 슬기입니다. 노인 한 사람이 사라지는 것은 도서관 한 개가 없어지는 것과 같다고 합니다. 늘 부족하고 모자라는 인생살이 하고 있지만, 말로 다할 수 없는 이야기들을 자식들에게 기록으로 남겨 주면, 혹시 그들이 어렵고 힘들 때 위안을 받을 수 있을지도 모릅니다. 자서전은 우리가족의 작은 역사책이 되는 것입니다. 바람 한 점에도 사랑이 가득함을 느낍니다.

나의 묘비명에 이렇게 쓰고 싶습니다.

잡초처럼 하찮아도 장미처럼 향기롭고,
풀꽃처럼 살아도 들꽃처럼 그리운 사람.
왔다가 빗물 같은 정으로,
아낌없이 주는 나무처럼 푸른 별을 다녀간 사람.

큰딸의 역발상

인생을 살아가다 보면, 정말 하기 싫은 문제들이 종종 발생한다. 내가 잘못한 것도 없는데 이유 없이 사과해야하는 경우와 정말 답을 찾지 못할 정도로 어려운 일이 생길 때가 그런 경우다. 난감함에 시달려본 사람이라면, 실타래를 풀기보다 자르는 편이 현명하다는 것을 안다. 순리가 정답이긴 하나 때로는 역발상이 필요하다.

큰딸 임소정이 취직한 첫 해에 첫 봉급으로 아빠엄마의 커플 반지를 해준 것보다 더 가슴 뭉클했던 일은 자기 생일날 가족 카톡에 보낸 메시지였다. 거기에는 이렇게 적혀 있었다.

"며칠 있으면 내 생일입니다. 가족들에게 축하금을 전하고 싶은데 빨리빨리 계좌번호를 올려주세요. 금액에 차등은 없습니다." 이 문자를 보고 처음엔 웃음도 나고 흐뭇하기도 했으나, 이내 엄마인 나는 나 자신이 부끄러워졌다. 내가 오십년 넘게 살아오면서 생각해보지 않은 일을 내 인생의 절반을 걸어온 딸이 이렇게 멋진 생각을 해내다니!

나는 생일 때마다 불편하고 불만스러웠다. 가족 생일을 챙기는 것

▲ 큰딸이 해준 커플링을 끼고

이 엄마의 몫이긴 한데, 막상 내 생일에는 아무도 챙겨주는 이 없고 음력생일에 시어머님이 전화하셔서 "오늘 생일이네, 미역국은 끓여 먹었냐? 맛있는 거 먹으라."고 하신다. 그럼 생일인 줄도 모르고 있다가 '오늘이 내 생일이구나. 오늘 저녁에 남편이나 아이들이 내 생일인 줄 알기나 할까?'하다가 괜히 우울해지곤 했다. 모두 모인 저녁에 "오늘 엄마 생일인데."하면 "음력으로 하니까 모르잖아. 그러니까 양력으로 해."한다. 남편은 결혼 몇 차까진 생일과 결혼기념일을 챙기더니, 알게 모르게 생일과 결혼기념일이 사라졌다. 음력 지나면 양력이고, 양력 지나면 음력이 생일이란다. 결혼기념일은 잊어버린 지 오래이다.

이런 생일기분에 싸여 "우린 생일하지 말자. 차라리 안 챙기는 게 더 좋겠어."라며 몇 년째 기분이 별로 좋지 않은 상태였다. 그런데 딸아이의 뜻밖의 '서프라이즈 기프트'에 나는 감동하고 말았다. 그래 생일은 나를 낳아준 부모님께 감사하는 날이지. 20년 전 내가 아는 동료 교사도 자기 생일날 부모님께 "낳아주셔서 감사합니다."하고 절한다 하지 않았던가.

그런데 그보다 더한 역발상의 아이디어로 나를 감동 먹인 것이다. 해외토픽에 어떤 아들은 "내 허락도 없이 누가 낳아 달라."했냐며 부모를 상대로 평생 먹고 살 돈을 내 놓으라며 소송을 했단다. 마침 부모들이 변호사라 "허락을 어떻게 받아야 했는지 알려주면 그렇게 하겠다."고 했단다.

여태껏 살면서 큰딸에게서 받은 제일 큰 감동이었다. 평상시 까칠하다고 늘 구박 아닌 구박을 했는데, 생각하는 것이 엄마보다 한 수 위였으니, 어디 내놓아도 마음이 놓이는 이 기분을 누가 이해하리. 공부를 잘해서 장학금을 받았을 때보다 더 큰 흡족함이 가슴 밑바닥에 스멀스멀 피어올랐다. 감동의 물결이 잠재워질 때쯤 아는 지인들에게 이야기보따리를 풀었다. 아들 가진 분들은 며느리 삼고 싶다하고, 또 어떤 이는 조카를 소개시켜주고 싶다고 한다. 하지만 딸에게는 사귀는 남자친구가 있노라 하면 모두 아쉬워했다. 아주 작은 일이 주는 잔잔한 감동이 내 삶에 파장을 일으키고 있었다.

역발상은 어떤 문제가 생기면 한번쯤 생각해 볼 대목이다. 앞으로 전진만 할 것이 아니라 때로는 뒤로 물러나서 다시 생각을 다져 본다. 산을 오를 때 못 보지 못한 것을 내려오면서 비로소 본다고 하지 않던가. 나도 내 생일에 내가 베푸는 사람이 되어야겠다는 생각을 해 본다. 딸이 주는 역발상의 생각 주머니를 친구처럼 달고 다니며, 오늘도 행복한 미소를 지어본다. 누가 키웠는지 모르지만, 정말 잘 키운 딸이지 않은가. 히히히…….

큰딸이 자랄 때 쓴 시 한 편을 소개한다.

여유로운 행복

임소정(큰딸, 덕정중학교 3학년)

유유히 떠다니는
구름이 들어 있는
내 마음에 와 보지 안으련

행복한 얼굴로
뛰노는 꼬맹이가 들어있는
내 마음에 와보지 않으련

시간게임 중인
수험생이 아닌

지각할까 뛰고 있는

직장인이 아닌

여유로운

내 마음에 들어 와 보지 않으련…

- 2007년 김삿갓 백일장 운문 장려상 수상
- 2007년 양주시립도서관 독서회 『솔바람』 게재

사위를 맞이하다

따스한 봄의 기운에 대지의 뿌리들이 꿈틀거리고 새싹들은 고운 잎을 틔운다. 바람 부는 창공에 꽃비내리는 오월은 갈매빛 향기로 가득하다. 자연이 특별 이벤트를 마련해주듯 신부가 더욱 빛나는 계절이기도 하다. 청초한 신랑신부의 모습은 찬물로 막 세수한 젊음의 싱그러움 그대로다. 속초 델피노리조트는 울산바위를 푸른 병풍으로 두른 꽃내음 향긋한 곳이었다. 오월에 큰딸의 결혼날짜를 잡고 보니, 우거진 신록이 더욱 상큼하게 다가왔다. 이 날의 부푼 가슴을 맞이하게 해 준 사돈댁에도 늘 푸른 오월의 행복한 삶이 깃들기를 빈다.

2011년 크리스마스 전날이었다. 수녀였던 친구와 성당에 막 도착하여 있는데, 대학 1학년이던 큰딸이 밤늦은 시간에 집으로 남자친구를 데리고 온다는 연락이 왔다. 항상 입버릇처럼 "남자친구 생기면 집으로 데리고 오라."했던 터라 친구에게 양해를 구하고, 긴장된 마음으로 집으로 왔다. 처음으로 맞이하는 남자친구를 어떻게 대접을 해야 할지 갈피를 잡을 수가 없었다. 늦은 밤이라 간단히 얼굴만 보

▲ 큰딸 임소정과 아빠

고 헤어졌다. 남자친구는 찜질방에서 자고, 다음날 아침 일찍 순대국집에서 만나 가족들을 소개했다. 이야기를 하다 보니 남편과 고향이 같고 중학교 선후배 사이였다. 속초중학교 몇 회 졸업생이냐고 남편이 묻고 있었다. 큰딸하고도 같은 학교 같은 학과 선후배 사이였던 것이다. 남편처럼 키가 작고 야무진 인상으로 다가왔다.

내 삶에 희망의 디딤돌이 되어준 큰딸 임소정은 집안 살림이 힘들 때 경기북부 양주로 이사 와서 덕정초등학교 1학년에 입학을 하였다. 피아노와 바이올린 등 악기를 잘 다루었으며, 미술과 체육활동도 잘했다. 하지만 예능과외는 돈이 많이 들어 중학교 때부터는 공부만 하고 예능분야는 접었다. 고등학교 때 수학과목이 부실해 3개월 학원을 다녔다. 그러다가 영어과목을 보충해야겠다며 수학을 쉬고 영어를 배우고 다시 수학과목을 듣겠다고 했더니 수학담당이신 부원장님이 그냥 들으라고 하여 반값으로 두 과목을 학습하게 해주었다. 보기만 해도 기분 좋은 학생이라며 격려를 아끼지 않으신 한샘학원 부원장 햄토리선생님께 감사드린다. 고등학교는 학교 기숙사에서 지냈고 양주시 희망장학재단에서 운영하는 과외를 무료로 받고 한림대학교 간호학과에 입학을 했다. 학교기숙사에서 2년 동안 생활하다가 3학년부터는 방을 구해야 했다. 그 선배도 자취를 하고 있었다. 반찬을 만들어 함께 먹을 수 있도록 준비를 해 갔다. 4년간 학업을 잘 마무리하고 바로 대학병원에 근무하게 되어 취업걱정은 하지 않았다. 그 선배가 근무하고 있는 병원으로 취직을 했다.

연봉도 생각보다 많았다. 첫 봉급을 받아 200만원을 용돈으로 주겠다고 한다. 엄마 용돈은 안줘도 되니, 할머니 용돈이나 드리라 했다. 큰딸은 알아서 한다며 평소에 갖고 싶었던 물건이 있으면 사라고 한다. 금 펀드에 넣어 달라 했더니, 아빠랑 금반지 커플을 하란다. 금반지를 하고 나머지 금액은 금덩어리(5돈)로 가져왔다. 그 후 이 금을 돌반지로 만들어 친척 아이와 내가 근무하던 어린이집 원생의 돌 선물로 나누어주었다. '엄마, 금 어떻게 했어?'라는 딸의 질문에 "네 이름으로 복을 지었지."했다. 나눔의 기쁨으로 뿌듯한 엄마의 마음과는 달리 섭섭한 모양이다. 같은 병원에 근무하게 된 선배와 오순도순 잘 지내더니, 사귄지 7년차에 결혼을 하겠단다. 2017년 추석 다음날 속초에서 상견례를 했다. 결혼은 이듬해 오월 속초에서 하기로 하고, 날짜를 잡았다.

▲ 큰딸 임소정과 사위 박상준 결혼식에서의 양가 부모

청첩장을 인쇄하여 가져 왔다.

박윤수 김계숙의 장남 상준

임병희 정현경의 장녀 소정

일시 : 2018년 5월 19일 토요일 오후 2시.

장소 : 속초 델피노리조트 C동 그랜드볼룸.

예식장을 잡는 건 문제도 아니었다. 식장에 참석할 하객 인원수를 미리 알려야하는 것이 예사롭지 않았다. 식당 참석인원이 몇 명이나 되냐고 묻는데, 어떻게 예측하랴. 남들 결혼식에 참석은 해봤지만 직접 혼주가 되어 준비해야하는 일들을 생각하니 머릿속이 복잡하였다.

또 청첩장 돌릴 일이 걱정이었다. 그동안 살면서 축의금과 조의금을 내 보기만 했지 받아본 적이 없었다. 과연 청첩장을 돌려야 하나, 또 누구에게 알려야 하나 이것저것 고민이 많이 됐다. 최소한 작은 범위로 축소하기로 했다. 일단 가족들부터 참석 인원을 세고, 친구, 회사 동료, 지인 순으로 범위를 좁혀 나가니 대충 인원수가 예상되었다.

결혼식장이 강원도 속초인 까닭에 당일치기 초대는 너무 무리인 듯싶어 1박2일로 초대를 했다. 리조트에서 하루밤 쉬었다 갈 수 있게 했다. 객실 비용은 신랑 측에서 부담하겠다고 하여 별 걱정이 없었는데, 저녁식사가 문제였다. 저녁식사까지는 아니더라도 밤새 놀면서 먹을 먹거리는 준비를 해야 할 것 같았다. 양가 합해서 150명 정도로 인원을 예상하고 떡, 과일, 튀김, 전, 골뱅이무침, 닭강정, 음료수, 주류, 생수, 유과, 김치, 라면, 쌀을 준비하기로 했다. 다 사면 되는데 전과 골뱅이무침이 문제였다. 하지만 이 힘든 일을 신랑 측에서 다 하겠다하여 큰 짐을 덜었다. 다음날 아침에 먹을 김치와 라면과 쌀만 준비해 갔다. 막막하던 일들이 술술 풀리기 시작했다. 서로 배려하니 문제 될 일이 없었다.

신랑신부는 결혼자금을 스스로 알아서 준비했다. 사위는 1억, 딸은 5천만 원을 모아두었다. 알뜰하고 성실하게 살아온 딸, 사위 덕분에 결혼준비에 큰돈이 들지 않았다. 전세에 살림살이도 간소하게 채우고 살다가 25평아파트를 분양받아 결혼 1년 만에 입주를 했다. 물론 대출을 받았지만 참 대견스러웠다. 결혼 2년차에는 무에서 유를 창조

하는 더 대단한 일을 만들었다. 인구 절벽시대에 아이를 가짐으로써 애국을 한 것이다. 태교부터 3살까지는 천성이 길러지는 아주 중요한 시기다. 예로부터 좋은 생각만 하고 좋은 것만 보고 좋은 것만 먹으라고 했을까. 세 살 버릇 여든 간다 하지 않던가.

딸을 결혼시키면서 우리나라 결혼문화에 대해서 이모저모 생각해 보니, 어느 제도나 장단점이 있기 마련이란 생각이 든다. 요즘 유행하는 스몰결혼식도 괜찮을 것 같고, 기존에 하던 방식대로 작은 힘을 모아 새로운 가정을 세우는 젊은이들에게 작은 도움이라도 될 수 있다면 품앗이 형태로 가는 것도 좋을 듯하다. 아빠 회사에서는 야유회 겸 강원도 유람을 하였고, 엄마 친구들도 제주도를 비롯한 전국에서 모여 강원도 여기저기를 구경을 하고 좋아하였다. 힘은 들어도 1박2일로 결혼식을 치렀더니 추억도 많이 쌓고 가족, 친구, 회사동료, 지인들 간의 휴식도 함께 맞이할 수 있어 여러모로 여유롭고 보기가 좋았다. 이렇게 주변사람들 힘들게 결혼식을 했는데 살다가 힘들다고 투정을 부릴 수는 없겠지?

양가에 새로운 가족이 한 명 더 생겼다. 아무리 세상살이가 힘들고 험난하더라도 결혼 한 번 하기가 이렇게 어렵다는 것을 알았으니, 어지간한 일에는 흔들리지 아니하고 잘 살아 주리라 믿는다. 우리 큰 사위는 정직하고 성실하니 더 이상 바랄 것이 없다. 정직이라는 믿음의 씨앗을 잘 심어 가꾸어 가리라 믿는다. 믿음 위에 지어진 집은 뿌리 깊은 나무마냥 흔들리지 아니할 것을 알기에 나는 오늘도 응원의 박수를 보내며 이들을 축복하리라. 내년이면 나도 할머니가 될 텐데, 오월의 싱그러움을 잃지 않는 할미가 되어 보리라.

가벼워진 어깨

어디론가 여행을 떠나거나 등산을 할 때 준비물을 챙기다보면, 이것저것 가방에 넣어야 할 물건들이 많다. 먼 곳으로 갈수록 챙길 물건은 더 많아지는 법이다. 돌아올 때는 되도록이면 비워서 가볍게 내려오는 것이 좋다. 아이들을 낳아 기를 때는 나들이 한번 가려면 챙겨야 할 준비물들이 너무 많았다. 끊임없이 해도 끝나지 않는 것이 아이들 양육과 교육이 아니던가. 하루 24시가 부족해 잠은 늘 새우잠을 자고 언제 꽃잠을 자 보나하는 생각만 하다 젊은 시절은 갔다.

이제 자식들이 취직도하고, 결혼도하고 각자 살림살이 나가니 어깨위의 짐이 가벼워진다. 아이 셋이 각자 다른 지역에서 생활하고 남편도 주말부부라 다섯 식구가 다섯 살림을 하니 문제라는 생각이 들었다. 모두 각자의 생활전선에서 열심히 일하고 있는데, 나는 텅 빈 집에서 할 일이 없었다. 빈둥지증후군이 친구처럼 찾아와 나를 우울하게 한다. 작은 이유라도 있으면 남아 있으려고 했던 포천에, 아들제대와 함께 있을 이유가 사라진 것이다. 남편직장이 있는 곳으로 이사를 하는 것이 제일 합리적이라는 생각에 이사를 했다. 무거웠던 짐을 내려놓는 어깨가 가볍다. 삶의 여유도 생긴다.

큰 딸이 취직을 할 때와 작은 딸이 대학을 졸업 할 때, 그리고 아들이 군대를 갔을 때도 내가 해야 할 일들을 마무리하는 듯한 가벼움을 느꼈다.

큰딸이 대학3학년 때 작은딸은 대학에 입학을 했고, 아들은 고등학교에 입학을 했다. 아이들 학비로 가장 힘들었던 시기가 중고등학교 시절이었다. 교복과 등록금, 급식비는 대출도 할 수 없었다. 미납이 되었는지 늘 신경이 쓰였다. 대학등록금은 학자금대출로 납부할 수가 있지만, 중고등학교는 현금납부만 가능했기 때문이다. 큰딸은 3학년부터 대학등록금을 대출받아 취직 후 상환하기로 하고, 둘째딸은 필요할 때 대출을 받아 수시로 갚아주기도 했다.

이제는 챙겼던 짐들이 하나 둘 빠져나가 가벼워진 배낭을 멘 가뿐함이다. 큰 딸을 결혼시키고 나니, 또 한쪽 어깨가 시원했다. 작은딸이 취직을 하니 풍선처럼 가벼운 어깨였다. 아들이 무사히 제대를 하니 양쪽 날개가 날아가는 듯하였다. 가벼워진 어깨로 민들레 홀씨 같은 가족이 되어 푸른 창공을 자유롭게 날고 싶다. 나의 수고로움이 헛되지 않았음을 믿고 노후의 안식을 기대해 보리라. 남편의 볼우물이 순한 사람임을 증명하듯이 나의 선택이 헛되지 않았음을 믿고 노후의 안식을 기대해 보리라.

진천이 나와 함께 놀자하네

2019년 3월은 역시 내게 잔인한 봄이었다. 해마다 한 번씩 겪어왔던 입원 트라우마를 이번에도 뛰어넘지 못했기 때문이다. 하지만 꽃들은 만개하기 시작했고, 세월은 수월하게 흐르고 있었다. 아는 이 한 사람 없는 진천으로 이사하고 두 달 만에 갈비뼈 두개가 골절되었다. 통증발생 한 달 후에 골절 진단을 받았다. 한 달 가량 입원을 했다. 병실에서의 심심한 용기가 불러온 자서전쓰기 입문은 나의 생활에 활기를 가져왔다. 가장 젊은 학생으로, 막내둥이로 심부름꾼을 자처하며 능동적으로 생활하니 비 만난 달팽이의 표피처럼 삶이 촉촉해지는 듯했다.

그동안 살면서 끼적이던 시나 일기가 자서전을 쓰는데 많은 도움이 되었다. 평소 글쓰기를 즐겼던 것이 글에 대한 부담감을 갖지 않고 지난 삶을 회상해내는데 많은 도움이 됐다. 월요일마다 자서전작가 양성과정에서 듣는 강의가 즐거웠고 참신했다. 별일 아닌 일에도 칭찬을 아끼지 않으시는 분들과 함께하는 자서전 수업은 절로 신이 나고 즐거웠다. '어디서 이런 총무가 나타났는지 모르겠다.'며 좋아하시는 모습을 보니 나도 흥이 났다. 육십, 칠십, 팔십대이신 분들이 컴퓨터도 잘 다루고, 운전도 잘 하시고, 옛 이야기도 글로 써서 들려주시니 3시간 동안의 수업시간은 폭포수처럼 흘러간다. 나는 총무라는 감투 때문에 간식 준비를 위해 두 시간 전에 집을 나선다. 이 봉사의 시간도 애쓴다며 칭찬하시고 응원해주시는 자서전반은 훈훈한 가족이다.

각자의 작품을 내놓고 합평을 하다 보니, 그분들의 일생이 파노라마처럼 펼쳐진 글 속에서 남에게 말 못했던 속살을 먼저 보게 되고, 울다 웃다 보니 몇십 년 함께한 문우지기가 된 듯 했다. 좋은 점을 본받아 글쓰기수련을 했더니, 단시간에 나의 단점을 보완할 수 있었다. 시를 즐겨 썼던 나는 주어, 서술어, 목적어에 맞지 않는 비문을 자주 썼는데, 몇 달 지나니 무엇이 잘못되었는지 구분할 수 있게 되었다. 풀 한 포기를 뽑으면 잔뿌리가 줄줄이 뽑히듯 감자처럼 달려나오는 이야기 주머니는 지친 내 삶에 활력을 주었다. 겁 없이 있는대로 쓰고 보니, 치유가 아니라 논쟁이 생길 수도 있겠다는 의문에 회의감이 들기도 했다. 치유가 우울의 웅덩이에 내려앉았다. 돌아보니 가난의 굴레에서 빠져나오느라 미처 몰랐던 이야기들의 마디마디 아픔이 옹이져있었다. 상생과 화해가 되어야 하는데 아직은 덜 익은 감 같았다.

어려울 것 같았던 글들이 아무렇지도 않게 술술 나왔다. 있었던 일들을 기록하는 것이라 창작이 필요하지 않았고, 봉은희 지도교수의 강의가 두려움을 가시게 했다. 풍랑에 일렁이지 않았다면, 생각 없이 살았을 삶이 파도에서 살아남을 생각으로 가득 차게 되니 액션이 필요했다. 무더위에 숨죽이고 있는 나뭇잎마냥 가만히 있을 수가 없었다. 바람에 흔들리는 나뭇잎처럼 살아야 했다. 놀이기구 타는 것을 좋아하지 않는 나에게는 고통이었지만, 지나고 보니 아름다운 풍경이다. 자서전쓰기교실에서 바라본 내 삶이었다.

자서전 다음으로 시문학교실을 두드렸다. 매주 수요일마다 시문학창작교실에서 현대시조에 대해 공부하고 시조 짓기를 하고 합평을 한다. 시조교실은 처음이지만 중학교 다닐 때 배웠던 옛시조가 생각나 어렵지 않게 접근했다. 음률 3,4,3,4 3,4,3,4 3,5,4,3 글자 수 맞추는 재미로 생각나는 대로, 아니면 써놓았던 시를 개작하여 줄줄이 엮어내니 작품의 수준을 떠나 웅덩이의 올챙이처럼 제법 많다. 현대시조는 운율에 변화를 주어 좀 더 자유로운데 종장의 3음절은 절대로 변화면 안 된단다. 나순옥 선생님의 열정적이면서 조용한 눈빛 강의가 부끄러움 없이 작품을 쓰게 하는 원동력이 되게 했다. 쓰고 싶을 때 나오는 대로 열심히 써보라는 격려가 나도 잘 할 수 있겠다는 심지를 심어 놓았다. 겁 없이 백일장에도 나가보고 턱거리 상도 타보고 나름대로 짧은 시간에 많은 경험을 했다. 이사한지 몇 달 만에 네 번 참가하여 세 번 상을 받았다. 그동안 써놓은 시들을 정리하여 시집 한 권 내고 싶은 욕심도 부려본다. 십년 전 쯤 포천에서 문예대학 강의를 받을 때도, 김삿갓백일장에서 상을 받았을 때도 시에 대한 애정은 있었다. 등단 제의도 받았지만 시집 낼 돈도 없고 작품도 부끄러워 겸손히 사양했다. 이젠 십년에 한 권 정도의 책을 낼 욕심도 가져본다.

한 달에 두 번 서울 정독도서관에 가서 수필교실 수업도 받았다. 포천의 이운순 수필가언니를 만날 핑계거리를 만들어 여행 삼아 다니기로 마음을 먹었다. 기존회원들은 대부분 책을 출간한 분들로 인격도 능력도 탄탄하신 분들이었다. 연세 드신 분들이 많아 여기서도 막내노릇 하느라 나는 장난꾸러기였다. 나의 출생지는 하동군이고 수필교실 교수님은 남해군이 고향이라 선거구가 같다.

수필 쓰시는 분들의 넓은 아량으로 늘 따뜻하고 훈훈한 수필교실 시간은 금방 지나간다. 한 분 한 분의 수필집을 보면서 많은 것을 느끼며, '나도 저런 노년을 보내야지' 다짐하게 된다. 나누고 베풀 줄 아는 삶, 그것처럼 아름다운 인생도 없었다. 시를 주로 써왔던 나는 수필에 익숙하지 않아 문장 만들기가 서툴렀으나, 교수님으로부터 과분한 칭찬을 받았다. 수필로 등단하라는 교수님의 추천도 받았지만 좀 더 생각해 보겠다 했다. 권대근 교수님은 수필명인으로 세계에 우리나라 수필을 알리기 위해 영어로 번역하여 '한국의 명수필집'을 출간하셨다.

아름다운 삶, 아름다운 마무리 이별을 위한 준비교육으로 웰다잉 교육을 접하고 호기심이 생겼다. 목요일과 금요일에 3시간씩 매주 6시간을 5주 동안 학습을 했다. 30시간 기본교육을 받고 심화교육까지 이수해 1급 웰다잉자격증과 노인통합교육상담사 1급자격증을 취득했다. 배운 것을 토대로 웰다잉사랑방이라는 동아리를 만들어 지역봉사활동을 준비하고 있다. 준비된 강사가 되기 위하여 동아리 동료간에 역량강화 학습을 하여 강사로서의 자질을 함양 하고, 웰다잉에 대한 인식과 사전 연명의료 의향서에 대한 지식을 홍보하는 활동을 하기로 했다. 매주 한 번씩 만나 동료장학회 같은 시연을 한다. 강연하려면 열심히 공부해야 하니 정말 바쁜 나날을 보내고 있다. 이제 시작하는 동아리라 할 일도 많고, 체계를 잡으려면 많은 시간이 필요하리라.

월요일은 자서전교실, 화요일은 하모니카교실, 수요일은 시창작교실, 목금요일은 웰다잉교실로 일주일을 배움의 터에 나가 생활하고 있는 요즘, 하루하루가 빛과 같이 지나간다. 2018년 12월에 처음 이곳에 이사하여 아는 사람이 없었다. 2019년 4월부터 다양한 사람들을 만나, 배움의 장에서 좋은 인간관계를 형성하니 매일이 바쁜 나날이다. 우울할 시간도 사라지고, 살아 있는 느낌이 향긋하였다. 할 일이 있다는 자체가 무조건 좋았다. 틈이 나면 샤시공장에 가서 알바도 하고 땀 흘리며 막노동하는 사람들의 고된 삶도 체험하고, 잠시도 가만히 있지 않고 활동했다. 생거진천에서 살아 있는 느낌으로 열심히 활동하니 주변은 온통 좋은 사람들의 향기로 가득했다.

다낭에 가기까지의 고뇌

올봄은 꽃이 유난히도 고운 봄이다. 하얀 매화, 벚꽃이 지고 나니 분홍빛 꽃들이 눈부시게 화사함을 자랑한다. 봄이 사람들 마음에 감동을 주고 심성을 다독거리는 것은 따뜻한 희망이 있기 때문이다. 산 너머 있는 막연한 희망이 아니라 내 주변에서 일어나고 있는 바깥나들이가 자연과의 감성을 나눌 수 있는 희망이다. 이것만으로도 충분한데 둘째 딸이 계획해놓은 해외여행이 있으니 이번 봄은 마음 설레는 봄이다.

하지만 시어머니의 갑작스런 입원과 나의 골절사건이 내일 출발(2019. 4. 26.)하는 날까지 고민을 하게 한다. 둘째딸이 작년 9월에 인터컨티넨탈 호텔에 입사를 하였다. 그것도 한 명 뽑는데 자랑스럽게 합격하여 잔잔한 감동을 주었는데, 베트남 다낭에 있는 인터컨티넨탈호텔로 엄마 아빠랑 해외여행 가는 게 버킷리스트라하여 은연중 허락을 한 셈이 되었다. 아무리 생각을 하여도 이번 여행은 취소를 해야 할 것 같았다. 딸에게 "다음에 가자."고 하였더니 "연차까지 사용하고 위약금도 많이 물어야 하고 할머니 병세는 오래갈 거 같으니까 일단 다녀오자."고 한다. 가만히 생각하니 할머니 병세에 모든 것을 맞추다보면 우리가 할 수 있는 일은 아무것도 없을 것 같았다.

생각에 생각을 거듭하여 아빠가 "나는 도저히 갈 수가 없다."고 하여 아빠를 빼고 2019년 4월 16일 제대한 아들과 동행하기로 했다. 부산서 할머니를 간병하고 있던 아들은 김해공항에서 다낭으로 가는 비행기를 예약하여 우리보다 이틀 먼저 출발하기로 하였다. 할머니께는 학교에 간다고 말하고, 고모가 따로 간병인을 두었다고 한다. 같은 날 비행기를 예약할 수도 없었지만 둘째 딸이 혼자 다녀봐야 세상을 보는 안목이 달라진다며 며칠 일찍 가라고 했다는 것이다. 이럴 땐 엄마보다 나은 누나들이 있다는 것이 참 다행이었다. 간혹 가다가 딸들에게 감동 아닌 감동을 느끼는 경우가 있다.

큰 딸도 간호학과를 졸업하여 걱정 없이 대학병원에 취직을 하였다. 직장생활 첫해 자기 생일 며칠 전 가족 톡방에 <며칠 있으면 내 생일인데 가족에게 생일 축하금을 드리겠으니 계좌를 빨리 올려 주세요. 유효기간은 내일까지이며 금액에 차등은 없습니다.>라는 문자를 보내 엄마인 나를 기쁘게 하였다. 엄마가 50년 넘게 살아오면서 생각지도 못한 생각을 역설적으로 풀어 자기생일날 받을 축하를 스스로 자축하며 가족들에게 용돈을 보낸 것이다.

국제관광학과를 졸업한 둘째 딸이 졸업 6개월 후 전공을 살려 호텔에 입사를 하였다. 서울 강남에 있는 일등급호텔을 지방대학을 졸업한 딸이 해외 유학생과 스펙이 장난이 아니더라는 지원자들을 물리치고 혼자 당당히 합격을 했다. 그리하여 엄마인 나를 기쁘게 하더니 이젠 철없는 남동생 훈련까지 하는 모습을 보니 가슴이 뿌듯하고 마음이 든든해진다.

57살이라는 나이를 먹는 동안 비행기를 타본 것은 제주도 신혼여행 때와 애들 고모가 작년 일본 가족여행을 시켜준 것이 전부다. 2시간 동안 비행을 하는데도 귀가 아프고 공포증에 시달려 사실 나는 비행기 타는 것이 즐겁지 않았다. 그동안 경제적인 여건이 안 되어 해외여행을 못했지만 사실은 비행기 타는 것이 제일 무서웠다. 갈비뼈 골절이 걱정되어 의사선생님께 여쭤봤더니 비행기는 탈 수 있다고 한다. 체력이 부족하고 기운이 없는 나로서는 참 난관스러운 일이다. 둘째 딸의 소망을 져버릴 수도 없는 노릇이다. 희망에 차 있는 아이들을 생각하면 기뻐해야 하는데 마음은 편안하지 않았다.

가장 어렵고 힘든 경제적 여건에서 아이 셋을 원시인처럼 키웠다. 마당 있는 단독주택에 대문이 없으니 진돗개를 비롯한 허스키 등 품종 좋은 개들을 많이 키웠다. 주변사람들이 갖다 주는 온갖 동물들을 다 키우고 심지어 쥐까지 득실거렸다. 고양이를 키웠더니 밖에 있는 쥐를 잡아 방으로 물고 온 적도 있었다. 겨울만 되면 수돗물이 얼어 보일러도 고장 나고, 세수도 할 수 없고, 변기통도 사용할 수 없을 때 응달에 쌓여 있는 눈을 녹여 변기통에 붓고 세수는 도서관을 이용한 시절이 11년이나 있었다. 그랬더니 아이들에게는 창의력이 쌓여 갔다. 자기소개서를 쓰는데 많은 감동을 주었던 것 같다. 이렇게 자란 아이의 소망을 들어주자. 부모는 그 아이로 인하여 귀해진다는 청나라 강희황제의 말을 떠올려봤다. 예약해놓은 여행을 취소하기도 어려우니 불편한 마음을 접어두고 즐겁게 베트남 다낭을 다녀오자고 스스로를 다독거려본다.

다낭을 다녀와서

깃발 펄럭이는 봄비와 함께 오후 3시 인천공항 리무진 버스를 탔다. 여유롭게 터미널에서 버스를 기다리다가 버스가 출발하는 것을 놓쳤다. 저만치 가는 버스를 황망하게 붙들어 타고 안도의 한숨을 쉬었다. 그러자 빗방울이 창가에서 환영인사를 하듯 또롱또롱 흐른다. 비행기 탑승시간에 여유를 두고 일찍 충북혁신도시에서 버스를 탔다. 김포공항을 거쳐 영종도 가는 길에 한강은 유유히 흐르고, 내 마음은 빗방울의 선율을 온몸으로 누리는 풀잎처럼 초롱초롱 맑아짐을 느낀다. 고민 끝에 결정한 베트남 여행을 이제 마음 비우고 여유롭게 다녀오자. 이제 출발이다.

많은 시간을 기다렸다가 둘째 딸 예진이와 함께 밤10시 비행기를 타고 다낭에 도착했을 땐 새벽 3시였다. 먼저 와있던 아들이 숙박하고 있는 호텔로 이동하는데 그랩이라는 교통수단을 이용하였다. 차비가 5천원도 나오지 않았다. 환전하여 처음 사용 해본 베트남 화폐가 10만동이라 하여 어마어마한 금액인 줄 알았는데 우리나라 돈으로 5천원이라 한다. 워낙 화폐 단위가 높아 계산할 때마다 혼란이 온다.

조식 포함 3인 숙박비가 5만원(100만동)이라 하여 또 한 번 놀랐다. 물가도 저렴하고 사람들도 친절하고 부지런하여 우리나라 1980년대를 보는 것 같았다.

가는 곳마다 환한 미소로 반겨주고 웃어주는 베트남 사람들의 친절에 왠지 모를 미안함과 짠한 마음이 교차한다. 약소국가의 겸손함이 묻어있는 것 같았고, 지난날의 우리나라 모습과 너무 닮아 있다고 느껴졌다. 동족상잔의 전쟁을 치른 경험과 어렵고 힘들었던 경제력과 선진국에 대한 열망과 반도국가의 생존노력이 부지런함과 친절로 대변되는 듯했다. 한편으로는 월남전에 참전한 국군의 희생으로 우리나라가 미국의 원조를 받아 경제발전의 밑거름이 되었다는 사실과, 따이한이라는 후손들이 남아 있는 땅이라는 현실이 미안함으로 다가오는 나라이기도 했다.

제대한 지 10일쯤 된 아들은 나보다 이틀 먼저 베트남 다낭에 도착했다. 베트남에 도착하여 아들이 예약한 숙소에 짐을 풀었다. 아들은 다낭에서 친구를 사귀었는데, 오토바이를 타고 다니던 이 친구가 다낭의 명소를 두루두루 구경시켜주었다고 자랑한다. 한국어도 좀 하고 한국을 좋아하는 이 친구를 위해서 한 달에 2만원씩 저축을 하여 이년 후에 한국으로 초대를 해야겠단다. 한국에서 대학에 다닌다 했더니, 자기는 고등학교를 졸업하고 일하고 있다며 많이 부러워했다고 한다. 함께 만나서 식사라도 하자하니 안 된다 하며, 둘이서 만나고 귀국하는 날 인형과 팔찌를 선물로 받았다고 가져왔다. 집에 도착 후

▲ 다낭의 바나힐에서

베트남 친구가 써준 편지도 보여주었는데 착한 마음씨가 느껴져 내 마음이 또 미안해졌다.

다낭의 한 시장에서 샌들을 사는데 여기 물가는 깎아야 한다는 이야기를 듣고 무조건 싸게 흥정하는 딸의 모습이 활기차 보였다. 나중에는 또래 친구 같은 아이와 가위바위보로 가격을 흥정하는 모습을 보고 서로 게임하는 것 같아 젊음이 좋아 보이기도 했다. 그런데 가는 가게마다 가격흥정을 하는 딸의 모습에 그만 짜증을 내고 말았다. "너는 장난이지만, 그들에게는 생계가 달린 문제야, 이제 그만 깎아."

이러한 시장의 풍경조차 우리의 1980년대를 연상하게 했다. 나는 대한민국의 좋은 이미지를 남기고 싶었다. 여행을 즐기려는 딸에게 숙소에 돌아오니 미안한 생각이 들었다. 다음 날은 다낭에 근무하고 있는 딸 친구와 호이안 해변으로 갔다. 해안도로는 우리나라 동해안을 생각나게 했다. 바닷가는 지구 어디에서나 힘이 넘치는 피서지로 활어처럼 싱싱한 사람들로 북적였다. 베트남 시골풍경도 보고, 벼도 보았다. 해변가 식당에서 배 모양의 접시에 담긴 푸짐한 해산물로 식사도 하고, 시원한 파도와 함께 신나는 세계 여러 나라 사람도 보았다.

신호등이 없는 나라는 처음 보았다. 오토바이와 차가 함께 다녀서인지 자동차도 시속 20-50km 정도로 다니고 경적소리를 울리는 것은 나 여기 있으니 조심하라는 뜻이란다. 바나힐은 케이블카를 타고 1,500m 정글 산을 올라가는데, 아래는 기암괴석이 난무하는 절벽의 공중위에서 느끼는 공포심이 장난 아니게 증폭되었다. 어떤 할머니는 어지러워 토하기도 했다. 도착하여 보니 유럽에 온 듯한 착각이 들 정도로 건물과 정원들이 유럽풍이었다. 각종 종교가 다 모여 있는 건물들이 바니산 꼭대기에 멋지게 모여 있었고, 계절별로 페스티벌도 한단다. 우리가 도착했을 때는 삼바춤을 추고 있었다. 계속 새로운 건축물을 공사하고 있어 다음에 또 어떤 모습으로 어떤 건물이 서 있을지 상상해 봤다. 정원에 핀 꽃들도 화사한 날씨만큼 싱싱했고. 가게에는 우리나라 아이스크림도 팔고 있었다. 반가운 마음에 하나씩 사먹었는데 빙그레 웃음이 절로 나왔다. 새삼 한국인이라는 게 자랑스럽게 느껴졌다.

이번 여행은 딸이 다니는 직장인 인터컨티넨탈호텔의 직원 할인가로 여행을 다녀왔다. 이 호텔이 워낙 비싸 올 생각도 못했을 텐데 딸의 효도여행이라는 말에, 아니 버킷리스트라는 말에 많은 고민을 떨치고 온 것인데, 이곳에서 며칠 머무는 동안 베트남이라는 나라에 대한 생각이 바뀌었다.

떠나기 전에는 우리나라 농촌 총각과 결혼하여 파경을 맞는 모습을 가까이서 보았다. 좋지 않은 이미지를 갖고 있었는데, 직접 와서 보니, 따뜻하고 착하고 부지런한 사람들이라는 것을 알게 되었다. 바다를 끼고 있는 반도국가로서 지리적 조건이 비슷하고, 동족상잔이란 전쟁을 치렀고, 침략자의 식민지를 살아온 역사가 비슷하여 공감대를 많이 형성하였다. 이제는 약소국가의 겸손함이 아닌, 강대국의 친절함으로 다가올 나라 베트남, 또 한 번 가고 싶은 나라였다.

중고 자동차를 사다

낯설고 물 설은 충북혁신도시로 이사를 왔다. 경기도 포천에서 살다가 혁신도시로 오니 대중교통이 원활하지 못하여 내가 가고자하는 곳을 가려면 계획을 잘 짜야 한다. 어떤 지역은 하루에 운행횟수가 5회 정도이고 교통비도 많이 든다. 환승도 되지 않고 배차시간도 띄엄띄엄하고 막차도 빨리 끊어져, 멀리 갔다가 당일 날 귀가하려면 여간 신경이 쓰이지 않는다. 터미널까지 운행하는 순환버스 배차시간이 한 시간에 한 대라 걸어 다니면 30분 걸렸다.

이사하고 일주일쯤 지난 12월 24일 서울을 갔다가 오후 6시 30분 막차를 타고 8시 30분쯤 도착했다. 휴대폰 배터리가 방전되어 마음이 불안했다. 마트에 가서 시장을 보고 전화를 한 통화 빌릴 참이었다. 그런데 배달이 끝났다고 한다. 콜택시를 불러달라고 했더니, 크리스마스이브라 빨리 퇴근하고 오늘은 근무를 안 한단다. 온 사방은 깜깜하여 동서남북을 분간할 수 없다. 집에 가는 길도 모르겠는데 당혹감이 밀려 왔다. 엄마 잃은 미아의 기분이었다.

이사 후 첫 바깥나들이에 길을 몰라 아침에는 택시를 타고 터미널에 왔던 것이다. 남편에게 전화하니, 멀리서 술을 마셔 대리운전을 해서 와야 한단다. 마트사장에게 사정을 이야기하고 배달을 부탁했더니, 배달사원이 다 퇴근하여 길을 잘 모른다는 것이다. 계산원들에게 집 가는 방향이 같은 사람이 있는지 물어보는데, 다들 위치를 잘 모른다고 한다. 마트대표도 내비게이션이 고장 나 잘 모르지만, 우리 집 주변에 있는 마트는 알고 있으니 데려다주겠다고 한다. 등대 같은 빛이 하늘에서 내려온 듯 반가웠다. 추운 겨울날 낯선 동네에서 안도의 한숨을 내쉬었다.

아버지 병원진료 보는 날 모시고 가려면 택시 부르기가 쉽지 않았다. 몇 군데 전화해야 겨우 콜택시가 오고 어떤 때는 아예 차가 없었다. 하도 답답하여 진천군 장애인시설공단에서 운영하는 콜택시에 가입했다. 마침 아버지는 청각5급 장애인증을 갖고 있어서 가능했다. 장애인시설센터에서 우리 집까지 오는 데 차량으로 20분 걸렸다. 그럼 5분이면 혁신도시 병원에 갈 수 있는데, 5분 가자고 멀리서 오는 것 같아 되도록 택시를 이용하려해도 차가 맘대로 와주지 않았다. 날씨가 좀 따뜻해지자 휠체어에 아버지를 태우고 병원까지 밀고 다녔더니, 차라리 마음이 편안했다.

교통상의 문제로 이런저런 불편을 겪던 중에 나에게 차가 생겼다. 충북혁신도시의 교통이 너무 불편하여 도저히 견딜 수가 없다. 28년 동안 아이 셋을 키우면서 대중교통만 이용하고 살았다. 서울주변이라 환승도 되고 차도 자주 다녀 불편해도 그런대로 잘 다녔다. 지금 이

곳은 터미널까지 이동거리도 약 30분이고, 차 시간을 맞추어 갔다가 놓치면 몇 시간 기다려야 한다. 약속이 있는 날 예정된 차를 놓치면 다음 차를 타고 가기도 난감한 것이다. 시간을 맞추기 위해 더운 여름날 땀을 흘리며 숨을 헐떡이며 뛰어야 했다. 아버지 병원 가는 차량편도 걱정하지 않아도 되었다.

1986년 면허증을 따고 2019년 처음으로 운전할 수 있는 내 차가 생긴 것이다. 중고차시장에 가서 차종 몇 개를 보고 최종적으로 내린 결론이 처음부터 딱 마음에 와 닿은 회색빛 i30이다. 2년 전에 연수를 받은 경험이 있어 이제 운전에 배짱이 생겼다. 나이 들어 운전을 해보니, 조금 불안하긴 해도 20대와는 다른 마음가짐이 생긴다. 20대에는 왜 그렇게 어렵고 힘들고 두려웠는지 차가 무기 같았다. 남들은 아무렇지도 않게 잘 하는 운전이 나는 무섭고 두려웠다.

모든 건 연습으로 된다는 것을 알았다. 구구단을 한 번 외워 놓으면 평생 계산할 때마다 써 먹지 않던가. 배워서 숙련된 운전은 기동력이란 힘을 달고 천리마보다 더 힘찬 활력을 생활에 가져온다. 할 일을 몇 배 더 빠르게 하고 인생을 여유롭게 하며 편리함을 가져온다. 그동안 경제적 여건이 안 된 것도 한몫 했지만, 이런 편리함을 누리지 못한 건 운전에 대한 두려움과 감각 없음이 운전을 포기하게 해서다. 2년 전 친구의 강경한 권유로 30년 만에 처음으로 연수를 받았는데 생각보다 운전이 할 만하다는 것을 알았다.

33년 만에 9년차 된 130,000km를 뛴 i30을 사서 아주 좋아라하며 동네에서 연습을 하고 있다. 한산한 도로에서 차에 대한 지식과 감각을 익히려고 무던히도 노력하고 있다. 한 번은 집 주변 아파트를 벗어나 좌회전을 해야 하는데 차선방향을 잘못 잡아 어떻게 해야 할지 난감해 있는데, 뒤차가 빵빵 소리를 치는 바람에 당황하여 굴다리 옆에다 세워놓고 비상 깜빡이를 눌렀다. 쿵쾅거리는 심장을 부여안고 있는 내 모습이 마치 머리만 숨기고 있는 꿩 모습 같다는 생각을 했다. 지금은 브레이크와 액셀러레이터의 감각을 익히고 사이드미러와 백미러 보는 법을 익히느라 분주하다. 동네 주변이나 읍내를 가느라 넓은 도로로 나가면, 불안정한 심장 뛰는 소리가 들린다. 그래도 교통규칙을 잘 지키고 가니 많이 두렵지는 않다. 하지만 지금도 2차선 도로에서 반대편 차가 지나가면 무섭긴 하다. 천리마 같은 내 차를 타본 사람은 가성비가 좋다고 칭찬한다.

내가 몸소 겪은 아쉬움을 아이들에게 물려주고 싶지 않아 한 달 동안 누구나가 운전할 수 있는 자동차보험에 들어 아들을 연수시켰다. 1종 대형면허 자격을 군대에서 취득한 아들은 연습 며칠 만에 고속도로로 양주 친구모임에 다녀왔다. 평택에 살고 있는 친구 주현이네도 다녀왔다. 그리고는 자랑스러워한다.

둘째 딸도 휴일에 내려와 동네 주변을 돌며 연습했는데, 찬찬히 운전을 잘 한다. 제일 못하는 사람이 엄마다. 보험가입기간 동안 아이들이 열심히 연습하게 했다. 그 다음에 엄마가 아주 열심히 잘 배워 보리라.

아직 혼자서는 멀리 가지 못하고 누군가를 태우거나 호가호위를 하면서 가는 곳은 어디든 갈 수 있을 것 같다. 한번은 동네 아줌마들을 태우고 대소까지 다녀왔고, 또 한 번은 아들과 함께 금왕에 약수 뜨러도 갔다 왔다. 그동안 수요일마다 진천읍내 문학교실에 공부하러 가는데 함께 다니는 언니 차를 타고 다녔다. 중고차를 사고 나서 언니차를 앞세우고 진천 조명희문학관까지 무사히 잘 따라갔다. 나는 진천도서관에 볼일이 있어 언니와 따로 가게 되었는데 길을 잘 몰라 혼자 가기가 두려웠다. 어떻게 할까 고민하다가 남편에게 전화했더니 마침 시간이 되어 집까지 잘 왔다. 이 모든 게 시간이 지나면 추억이 되겠지.

이제 내 차가 생기고 보니, 삶 전면에 생기가 도는 느낌이다. 가까운 거리는 물론 아버지 병원도 쉽게 모시고 갈 수 있고, 터미널도 차 시간 놓치지 않고 갈 수 있어 행복하다. 늦깎이 운전수의 두려움 반 행복함 반이 어우러져 울리는 소리가 찰랑찰랑 차키를 달고 다니는 기린의 몸통에서 난다. 늘 안전운전, 교통규칙 지키기가 마음 한가운데 굳건히 자리 잡아, 중심을 잃지 않길 기도한다. 오늘도 무사하기를 빌며.

토끼의 간이란 시조를 배우다가 지금 딱 내 심정인 초보운전자의 간이란 단시조를 지어 보았다.

초보운전자의 간

정 현 경

장롱면허, 녹색면허 등에 업고 나선 거북길
토끼의 간 같은 내 심장의 붉은 온도
불안함, 도로 곳곳에 파닥이며 내려앉는다

아픈 내 동생

여름이 한창 기승을 부리는 삼복더위를 태풍 크로사가 온 대지를 시원하게 휩쓴다. 푸르른 나뭇잎들이 배를 뒤집고 파르라니 웃고 있다. 늘 밝던 아침이 오늘은 구름에 덮혀 어둡다. 시원한 구름 틈새로 새어나오는 동생들의 모습이 나무꾼 같다.

나에게는 남동생만 넷이다. 위로 아홉 살 많은 오빠가 한 분 있다. 바로 밑에 동생은 나와 함께 근무하던 어린이집 교사와 결혼을 하여 3남매를 두고 잘 살고 있고, 나머지 동생들은 오십이 넘었는데 아직 미혼이다. 인물 잘 생기고 체격 좋고 마음씨 착한 동생들이 결혼을 못하고 사니, 내 마음이 편하지 않다. 대학을 안 나와서, 경제적 여건이 어려워서, 아니면 어머니의 부재가 그들의 삶에 뿌리를 내리지 못했을까. 나도 이모가 아니었으면 혼자 살았을지도 모를 일이다. 이모가 돈 들여 매파를 앞세웠고, 나이 들어감에 대한 압박감을 심어주어, 왠지 서른 안에는 결혼을 해야 할 것 같아 스물아홉 살에 결혼을 했다.

나처럼 신경 써주는 가족도, 가진 돈도 없어서였을까. 젊음 하나로 연애할 배짱이 없었는지, 세월은 흘러 마흔도 아닌 오십을 넘긴 노총각들이 되었다. 아버지가 계셔도, 새어머니가 있어도 동생들 삶에는 별 도움이 안 되었다. 이제 새엄마와 아버지가 별거하신 지도 30년이다. 동생들 나이 20대 초반에 부모의 불화가 가져온 심리적인 불안감이 그들의 결혼관에 많은 영향을 끼쳤으리라. 가진 것 없고, 인물 빠지고, 학벌이 없어도 예쁘게 연애하고 결혼하여 잘 사는 사람들도 있는데, 어찌 된 일인지 우리 집 형제자매들은 연애결혼을 하는 사람이 한 명도 없었다.

동생들을 생각하면 원숭이 어미의 구곡간장이라는 말이 생각난다. 일곱 살 막내를 두고 세상을 떠난 엄마가 못 다하고 간 일을 내가 해줘야 한다는 심리적인 부담이 늘 내 마음 밑바닥에 깔려있다. 비를 머금은 구름처럼, 때론 아픈 손가락처럼 그들은 내 마음에 자리 잡고 있었다. 심성 바르고 잘생긴 외모 빼고는 딱히 내세울 게 없는 동생들을 중매하기란 쉽지 않았다. 모르는 사람 같으면 잘생긴 거 하나로도 중매를 할 수 있으나, 모든 걸 다 알고 있는 나로서는 그렇지가 않았다. 부모의 불화 속에서는 무슨 일도 할 수가 없었다.

동생들을 생각하면 그저 안쓰러워 마음이 먹먹하고, 눈물방울이 맺힌다. 생각만 해도 마음이 아픈데, 둘째 동생은 폐암진단을 받고 2016년 1월 16일 의정부성모병원에 입원하여 왼쪽 폐를 반이나 잘라내는 수술을 했다. 초기라 다행히 수술이 가능했다. 수술경과도 좋아 항암도 방사선치료도 안하고 퇴원하여 암요양병원에 입원을 했다. 약 1

▲ 결혼식 날 잘생긴 내 동생과 함께

년 동안 휴식시간을 가진 뒤 다니던 직장에 복귀해 1년 정도 종이박스공장에서 일하고 있었다. 정기검사를 받는데 재발했다고 한다. 하늘이 무너지는 느낌이다.

항암치료와 방사선 치료를 해야 한단다. 그 힘들다는 항암 6회와 방사선치료 30회를 무사히 잘 넘겼다. 머리카락도 빠지지 않았고 토하지도 않았고, 체중도 줄지 않았다. 겉으로 보면 아주 건강한 사람 같았다. 다행이었다. 암세포도 사라졌다 한다. 요양병원에 있으면서 산을 다니고 나름대로 건강관리를 잘 하고 있었다.

1년 후 정기검진에서 또 새로운 암세포가 생겼다고 한다. 림프절로 전이도 되었고, 폐수술한 자리에는 종양이 생겼다고 한다. 이젠 하늘이 무너지는 것이 아니라, 땅속으로 떨어지는 느낌이다.

2차 항암과 방사선치료는 약물이 독하다는 의사의 설명을 듣고, 동생은 아주 예민해졌다. 말마디마다 가시가 돋쳐있고, 매사가 부정적이다. 혼자 있고 싶은지 요양병원을 옮기고 전화도 받지 않는다. 아버지에 대한 미움이 이제는 나에게로 옮겨왔는지 신경 쓰지 말고 가만히 그냥 두란다. 내 마음에도 먹구름이 몰려온다. 아버지도 "술이 병원에 한 번 갔다 와라. 그게 잘 하는 거지."하신다. 요양병원에 가서 몇 시간을 기다린 끝에 얼굴을 보고 왔다. 싱긋이 웃는 얼굴이 괜찮아 보기 좋았다. 2차 항암 6회, 방사선 18회도 생각보다 수월하게 받고 있다. 방사선 치료를 많이 받아 CT결과를 보고 치료를 결정하자 한다. 간간이 객혈이 있어 걱정했는데 그 정도는 괜찮다고 한다. 하지만 결과는 방사선폐렴이라고 한다.

암은 정복할 수 있는 병이라고 하지만 아직은 공포의 대상이다. 우리는 암세포를 몸에 지니고 산다. 면역력이 떨어지고 암세포가 정상세포를 이기는 힘이 생기면 암세포가 커져 우리 몸을 병들게 한다. 정상인도 언제 암이 생길지 알 수 없는 보균인자를 몸에 지니고 사는 것이다. 나는 온열요법에 대해 공부하고 1년 정도 일한 경험이 있어 늘 몸을 따뜻하게 하라고 동생에게 알려주었다. 암은 따뜻한 것을 싫어해 심장에는 암이 생기지 않는다는 것을 예로 들어 설명하고 온열매트를 갖다 주었다.

병원비는 가입해둔 보험이 실비보험과 암보험이 있어 다행히 걱정하지 않아도 되었다. 오히려 더 많은 돈이 나왔다. 휴직기간 동안 생활비로 쓸 수 있어 다행이었다. 내가 어렵고 힘들 때 함께 살면서 막노동하여 일당 받아 내 생계에 도움을 준 동생이다. 내게는 무척 아리고 아픈 손가락 같은 동생이다. 내가 들어 두었던 암보험이 동생에게 도움을 주어 그나마 위안이 되었다.

태풍이 지나가고 나면 공기도 맑아지고, 시원한 결실의 가을이 올 것이다. 지금은 힘들고 고통스럽더라도 좀 더 힘을 내고 참아보자. 비바람 지나간 뒤 깨끗하고 맑은 하늘의 뭉게구름 속에 숨은 엄마의 얼굴에도 환한 꽃이 피게 하자. 이 또한 지나가면 지난날을 추억삼아 웃으며 말할 수 있으리라. 착한 나무꾼은 선녀를 만나 행복한 삶을 살 수 있다는 희망을 갖고, '오늘도 무사히' 라며 감사한 마음으로 쾌유를 빌어본다.

▲ 아픈 내 동생의 군대시절

추신

아쉽게도 아픈 내 동생은 내 눈에 눈물심지 하나 꽂아 놓고 2019년 10월 21일 저세상으로 떠났다. 방사선폐렴으로 객혈을 하다가 색전술이란 시술을 하고 간호사의 캐어를 더 잘 받기위해 집중치료실에 토·일요일 있다가 월요일 일반병동에 입원하기로 하고 중환자실로 간 것이다. 그런데 바람처럼 훅하니 가버린 것이다.

살아남은 자의 눈에 눈물 심지를 심어놓고 바람처럼 사라져간 동생을 생각하며 병원으로 가고 있었다. 일요일 저녁부터 상태가 안 좋다는 연락이 한 번 오고, 월요일 아침에 위급하니 보호자 빨리 오라는 연락이 왔다.

진천서 의정부까지 택시를 타고 가는 도중에 심폐소생술을 시행했는데, 의식이 돌아오지 않아 사망선고를 해야 하니 빨리 오라는 독촉을 받았다. 8시 21분 사망선고를 했다. 택시가 구리IC에서 길을 잘못 들어 헤매다가 의정부성모병원에 도착하니 10시 20분이었다. 서울서 출발한 큰사위와 작은 딸이 먼저 와있었다. 동생친구 원영이가 오고, 곧이어 큰딸이 도착하고, 남편이 왔다.

일회용 가운을 입고 나니 숨 막히는 중환자실문이 열렸다. '하얀 천으로 얼굴을 가린 병상이 동생이구나!'하고 천을 열었다. 편안히, 아주 편안히 잠자듯이 누워있는 모습이었다. 내 마음이 위안을 받았다. 보호자도 없이 밤새 피를 토하고 얼마나 힘들었을까를 생각하며 쉴 새 없이 촛농 같은 눈물을 흘리며 달려왔는데, 쓰린 가슴이 위안을 받았다. 간호사에게 "밤새 많이 힘들어 했어요?"라고 물었더니 "아니요, 밤새 괜찮았는데 새벽에 객혈을 하면서 그때부터……"라고 말끝을 흐린다. 진주서 올라오고 있던 오빠와 동생과 올케는 다시 내려 가라하고, 남편이 일을 순서 있게 잘 처리해 가고 있었다.

진주중앙병원 장례식장에 안치하기로 하고 앰뷸런스로 이송했다. 작은딸 예진이가 외삼촌과 함께 타고 진주로 먼저 갔다. 간호사인 큰딸과 의료분쟁조정위원회에 있는 사위가 함께 있어 조금은 마음이 놓였다. 나는 의사의 설명만 들었다. 의사가 최선을 다했다 하는데 의료지식이 없는 내가 할 수 있는 것이 없었다. 작은 딸이 금요일 밤 시술할 때 지키고 있었고, 시술도 잘 되었다 한다며 근처 사우나에서 자고, 토요일 면회를 하고 괜찮다했는데, 하루 사이에 갑자기 간 것이다. 그나마 예진이가 하루 밤 지키고 있었던 것이 위안이 됐다.

동네 친구들인 큰 정신교, 작은 정신교, 정학교, 정길건, 이재갑과 전 직장 동료 박덕주와 정승배, 그리고 조카들이 발인과 화장터, 장지까지 가서 잘 묻어주고 왔다. 사망이란 바람같은 소식을 듣고 서울서 밤새 달려와 준 동생의 전직장 승원산업 대표이자, 이종큰올케언니의 동생인 정승교 사장님께도 감사드린다.

웰다잉교육을 받고 다닌 나도 장례문화에 대한 식견이 있어, 장례지도사님께 자연장을 할 때 유골을 보드라운 흙과 함께 섞어달라고 하여 자연스럽게 흙으로 돌아갈 수 있게 해주었다. 유골은 칼슘과 인만 남은 무기체라 반드시 흙으로 섞어주어야 흙으로 돌아가지, 그렇지 않으면 뭉쳐서 흙으로 돌아갈 수가 없다고 한다. 흙으로 돌아갔으려니 생각하니 마음이 푸근하다.

엄마 옆에 누워서 아늑히 쉴 수 있으리라 믿는다. 그동안 받지 못했던 엄마의 사랑을 한없이 느끼며 편히 쉬도록.

"술아~ 편히 쉬어라. 꽃구름만 타고 노닐면서 편안히 쉬어라. 착한 나무꾼이 선녀를 만나서 행복하게 잘 살길 바란다."

동생에게

내 눈에 마를 새 없는 눈물심지 하나 꽂아놓고
영혼 떠난 육신만 남겨 놓고
떠나버린 너를 생각하면
내 마음에 울리는 아픔은 시리도록 푸르다
바람처럼 훅하니 가버린 너
살아남은 자의 슬픔 위에 위로의 꽃이 핀다
나무꾼이 선녀를 만나 즐거워하는 꽃구름 같은
꽃이 핀다

내 삶의 아다지오

청년이 '인생의 꽃'이라면, 중년은 '의미로 돋는 새순'이다. 지난 세월 되돌아보고 "다시 젊은 시절로 돌아가고 싶으냐?"고 누군가가 묻는다면 나는 주저할 것이다. 젊음의 제법 긴 세월을 가난에 내몰려 의식주 해결하느라, 풍요로운 감정의 정서를 누려보지 못했기 때문이다. 실버 입문기에 호연지기를 기르며 하나하나 감성의 꽃을 피워 보고 싶다.

중년은 인생의 새싹에 견줄 수는 없으나, 이순(耳順)이란 나이테의 묶음 하나를 엮어 놓고, 새순으로 사는 여유로움이 가져다주는 윤슬 같은 인생이다. 남에게 피해주지 않고 소중한 나에게 투자할 수 있는 시간으로 살고 싶다. 회갑을 지나 새로 시작하는 삶을 인생의 꽃이라고 할 수는 없으나, 꽃 지고 열매 맺는, 나에게는 안으로 여무는 노년의 저장고이다. 중년의 토실토실한 열매를 아름답게 익혀, 보는 이로 하여금 행복한 미소를 짓게 하고 싶다. 잘 익은 한그루의 과실나무처럼 어느 곳에 있던지 존재하는 것만으로도 유익한 사람으로 살다 가고 싶다. 노년의 중후함이 가져 올 편안함을 다지는 토대가 중년이다. 그 무엇으로도 바꾸고 싶지 않다. 지금의 나를…….

중년은 보고 버릴 것이 무엇이고 채울 것은 또 무엇인지, 스스로 판단하고 결정해야할 중요한 시기다. 60살에 인생의 끝마무리를 '그냥 세월만 흘러라'하고 살 것인지 새로운 판을 짜서 오롯이 나 위주로 설계도를 만들 것인지도 딱 지금 해야 할 중요한 작업이다. 인생의 전반부가 가족을 위한 필사적인 삶이었다면, 이제 후반부 생애는 나 중심의 변태를 시도해야 한다. 나의 행복이 가족의 행복이고, 사회의 밝은 기운이며, 한 국가의 행복지수를 이루기 때문이다.

노년을 의미 없는 삶으로 낭비하지 않기 위해, 지금이라도 현관문을 열고 밖으로 나가자. 그리고 평생학습센터의 문을 두드려 보자. 내 속에 숨어 있는 끼를 끄집어내어 그동안 힘들었던 나의 육신과 정신을 토닥토닥 쓰다듬어주고, 쌓여 있던 상처와 감정의 찌꺼기들을 해독해 주고 싶다. 배움으로 내안의 독소들을 제거하고 지혜롭고 슬기로운 생활을 하고 싶다. 소통할 줄 알고 배려하는 삶을 살고 싶다. 소통이 불통되고, 불통이 염통 되었다가, 염통이 먹통 되는 삶에 종지부를 찍고 싶다. 카톡 같은 가족을 끼고 살고 싶다면 지나친 욕심이겠지.

무엇을 바라지 말고 먼저 내가 카톡 같은 사람이 되도록 노력하자. 중년은 바리데기가 아닌 해바라기 같은 삶으로 푸근해야하지 않겠는가? 머리가 희끗희끗해서 실버가 아니다. 실버를 골드로 바꿀 수 있는 기회가 있기 때문이다.

이제 내가 학생이 되자. 자식이 학생이 아니다. 자식에게 공부하라고 했던 만큼, 내가 해 보는 것이다. 세월은 흐를수록 쌓이지만, 세월의 풍파에 삭아가는 내가 되어서는 안 된다. 웰빙과 웰다잉의 준비를 위해서 웰리빙을 해야 하는 것이다. 서두르지 말고 여유롭게 알찬 오늘을 살자. 중년의 삶은 그래서 더 더욱 중요한 시기다. 노인 한사람이 세상을 떠나면 도서관 하나가 사라진다고 하지 않던가. 그런 아쉬움 하나쯤은 남기고 가야하지 않겠는가.

배롱나무 흔들리는 바람의 정원

충북혁신도시 리슈빌아파트 정원의 배롱나무 흔들리는 꽃대를 보니, 타임머신타고 어린 날로 돌아간다. 지리산 줄기의 마지막 자락인 옥산 아래 흐르는 냇가에서 여름철 멱 감고 놀던 어린 시절이, 청수 마을 우리 집 개울가에는 한 그루의 배롱나무가 바위 옆에서 튼실하니 자라고 있었다. 새빨간 꽃숭어리는 등 달린 깃대처럼 우뚝하니 솟아서, 바람결에 꽃잎 날리며 조각배처럼 물결 위를 수놓았다. 백일홍 꽃잎 쫓아 물장구치며 병아리처럼 조잘대던 어린 날의 여름 한철이 배롱나무를 보니 아련히 떠오른다.

배롱나무의 이름을 안 지는 내 나이 40을 넘어서다. 우리 집 앞 냇가에 묵묵히 자리 잡고 꽃피우기를 반복하던 이 꽃의 이름은 백일홍이었다. 어렸을 때 듣고 자란 이름이 백일홍이었던지라, 나는 배롱나무라는 다른 이름을 알지 못했다. 한해살이 백일홍이랑 이름이 같구나 생각하며 지내다가 2012년 양주시 이현이 시인의 시를 보고 배롱나무가 목백일홍이라는 사실을 알았다.

지금 내가 살고 있는 아파트단지 안에 배롱나무가 예쁜 꽃등을 달고 화사한 얼굴을 내밀기 시작한다. 야들야들한 붉은 꽃잎은 갓난아이의 살결마냥 부드럽고 꽃숭어리들의 하늘을 향한 등불은 살갗을 태운 뜨거움보다 더한 여름의 정염이다. 솟대마냥 달린 숭어리들의 자존심은 한여름을 이기는 인내심이다. 이사하여 새로 입주한 이곳의 배롱나무 흔들리는 정원에는 곳곳에 아름다운 나무와 꽃이 많다. 바람이 시원하게 부는 날이면 나무들의 춤사위가 볼만하다. 바람 부는 날의 정원과 공원은 보기만 해도 시원한 감로수다. 어렸을 때 먹었던 잊지 못할 입맛처럼, 추억이란 감성에 불쏘시개 같은 감정을 불러일으킨다. 낯선 지역에 이사 온 외지인에게 정서적 안정감과 지난날의 기억을 선사해 주는 배롱나무에게 '심쿵'한 마음을 선물하고 싶다.

'화무십일홍(花無十日紅), 권불십년(權不十年)'이라 하는데, 배롱나무의 자존감은 '화무백일홍(花無百日紅)'이다. 배롱나무의 둥지는 껍질을 벗겨 놓은 것처럼 하얗고, 부챗살 가지를 뻗어 풍성함이 한복치마 같다. 꽃대를 보면 동글동글 둥근 열매 같은 송아리에서 아주 부드러운 꽃잎이 껍질을 밀치고 7대의 우산살을 펼치고 벌어진다. 샛노란 꽃술을 달고 몇 개의 붉은색 송이들이 모이면 화려한 꽃동산이 된다. 꽃이 피면 피기 전에 또 다른 꽃송이가 꽃을 피워, 피고지기를 백일동안 반복한다. 어렸을 때 알고 있는 백일홍은 배롱나무의 혼인 것 같다. 보글보글 끓어오르는 꽃잎 한 송이 피우려고 무더위에 무던히 애쓰는 흔적이 우리의 인생사 같다.

여름의 복더위가 지나고 나니, 열정적인 배롱꽃잎들도 청순한 얼굴로 가을을 맞고 있다. 싸늘한 가을바람을 아침저녁으로 맞이할 수 있다는 것이 또 다른 청아함이다. 태풍에 떨어진 붉은 꽃잎들이 길 위에 모자이크처럼 늘어져 있는 모습이 여름의 냇가처럼 다가와, 일렁이는 동살의 눈부심처럼 아늑하기만 하다. 백일동안 꽃을 피우는 배롱나무의 밟히고 시든 꽃잎을 보면서, 인생은 아프기만 한 것이 아니란 걸 안다. 여린 살결 같은 꽃잎이 떨어지면 알토란같은 열매를 맺을 것이다. 어려서 사랑을 듬뿍 받고 자란 사람은 어떤 시련이 와도 흔들리지 않고 이겨 낼 수 있다. 기다리면서 해결하는 방법을 알기 때문이다. 밟히고 시든 꽃잎을 보면서 인생은 아픔만큼 성장한다는 것을 되짚게 된다. 나의 안식처 정원에 단풍나무, 황매화, 산수유, 소나무가 어린 시절의 친구처럼 서 있다. 혼자면서 혼자가 아닌 것처럼 벤치에 앉아, 바람에 흔들리는 배롱나무를 올려다보니, 빗방울 머금은 환한 얼굴들이 있지 아니한가. 내 마음에도 미소의 센서 등이 붉게 들어왔다.

부동산 임대사업자로 등록하다

가난은 나라도 구해주지 못했다. 하지만 나라가 부도의 늪에 빠져 허우적거리니, 만백성이 일어나 금모으기운동에 참여하여 외환위기를 극복하여 나라는 위기를 면했다. 하지만 우리는 1999년 12월 경매로 넘어간 집을 비워주고, 검단에서 양주로 이사를 하였다. 남편의 친구가 무상으로 32평 아파트를 빌려주었다. 전기판넬로 회사를 많이 키워왔고 남편이 일조하였던, 결혼 전에 근무했던 남편의 회사였다. 우리 부부 모두 신용불량자로 등재되어 있어, 경제적인 활동에 제재가 많았던 시기였다. 보증으로 인한 빚이었기에 재산이 있으면 압류를 당하고 봉급은 차압되었다. 나는 특수관계인으로 신용불량자가 된 것이라 압류나 차압은 당하지 않았다.

2002년 11월에 단독주택에 2,000만 원짜리 전세를 들게 되었다. 복층 이층집으로 마당에는 커다란 은행나무 다섯 그루도 있고, 텃밭도 꾸밀 수 있는 공간도 있는 정미소를 하던 집이었다. 교통도 편리한 큰길가 옆이었다. 초등학교도 바로 집하고 등을 맞대고 있었다. 가격에 비하여 큰 집이었다. 뭔가 꼼수가 있지 않을까 싶을 정도로 넓은 집이었다. 수중에 가진 돈이 없어 보험약관대출과 시어머니집 전세보증금에 묶어두고 온 돈 일부와 지인에게 빌려 겨우 2,000만원을 마련할 수 있었다.

이 집에 이사 온 첫해 그해 겨울에 그 집의 가치가 발휘되었다. 얼고 터지고 지하에는 물이 가득차고, 냉방에서 오들오들 떠는 겨울을 몇 해 보냈다. 그렇게 살다보니 겨울나기 요령이 생겨 얼음이 어는 거실에 연탄난로도 놓고, 겨울이 오기 전에 동파방지를 위해 여러 가지 묘안을 짜내기도 했다. 하지만 영하 20도 이상의 대한, 소한 추위에는 그 어떤 보온재도 견디지 못하고 동파가 됐다. 응달에 있는 눈을 녹여 변기통에 붓기도 하고, 가까운 도서관에 가서 세수를 하기도 했다. 사계절 중 겨울이 추워서 싫었는데, 이런 겨울을 거듭하여 보내다 보니, 겨울에 대한 공포가 생겼다. 2013년 8월에 이사를 하기까지 11년을 이 집에서 살았다.

2008년 소방서로가 난다며 측량을 양주시청에서 했다. 그 이전에도 소방도로계획지라 언제 이사를 해야 할지 모르는 상황이었다. 세입자에게도 이사비용이 보상된다하여 그나마 도움이 될까하여 기다리며 이사할 집을 찾아 다녔다. 전세보증금 이천만원에 대출받아 살 수 있는 집은 없었다. 모험을 하지 않으면 안될 만큼 집값이 오르고, 임대아파트는 프리미엄이 오르고 있었다. 저금은 못해도 보험은 들어두어야 비상시에 안심이 될 것 같아 보험은 최대한 들어두었다. 이 보험들을 담보로 대출을 받아 계약금을 마련하고 집구하기에 도전하였다. 마음에 드는 아파트는 많았으나, 경제적 여력이 되지 않아 계약하지 못하고 돌아서면 가격이 상승하였다. 결국 10년 이상 된 빌라를 계약하여 전세를 주었다. 전세를 끼고 매매를 했더니, 돈은 얼마 들어가지 않았다.

일단 내 집이 생기니 마음이 편안해졌다. 언제든지 이사를 해도 갈 집이 있다는 것이 안도심을 가져왔다. 하남 미사지구 아파트에 당첨되었는데, 입주를 포기하고 마음이 아팠다. 그 대신 도시형 오피스텔을 계약하여 3년 만에 입주하여 월세를 놓게 되었다. 임대사업자로 등록을 하면 취득세를 감면해 준다하여 2015년에 부동산 임대사업자가 되었다.

창조주 위에 건물주가 있다는 웃지 못할 유행어가 떠돌던 시절이다. 나도 건물주가 되어 월세를 놓게 되었다. 집을 한 채 샀더니, 연달아 좋은 기회가 찾아와 한꺼번에 목돈들이지 않고 집을 살 수 있는 기회가 주어졌다. 이제는 기회가 주어져도 앞으로의 전망을 가늠해 보느라 대담하게 기회를 잡을 수가 없다. 집 없는 모든 사람이 집을 소유하고 편안히 살 수 있는 날이 오기를 소망한다.

4부

뿌리깊은 나무는 바람에 흔들리지 아니하고

뿌리 깊은 나무

바람 부는 추운겨울 나목의 나뭇가지에 썩은 삭정이 부러진 흔적을 바라본다. 삼천리금수강산의 뼈대가 그려진다. 우리나라에 깊이 뿌리박고 있는 산맥들이 우리의 뼈대이며 조상이 살았던 땅이다. '뿌리 깊은 나무는 바람에 흔들리지 아니하므로 꽃 좋고 열매 많으리'라고 하지 않았는가. 예로부터 우리 조상들은 우리의 뿌리를 산맥에 두고 외침에도 꺾이지 않고, 이 땅을 온 것이 아닌가. 내 마음에 옹이 같이 시리고 아픔으로 뭉친 겨울의 추억들이 얼고 터지는 주택에 11년간 살고 있었다. 그동안 살아오면서 몇 번의 겨울을 추위에 떨며 앙상하게 살아 왔던가. 그리고 빌라에 이사하여 6년째 포근한 보금자리를 마련했다. 남들은 빌라 1층이 춥다고 했지만, 나는 그곳이 천국이었다. 그런데 이사를 해야 하는 고민에 빠졌다.

이사를 해야 하나 말아야 하나 하는 중요한 사안을 놓고 몇 달을 고민하다가 부동산에 집을 내 놓았다. 계약하자는 세입자가 3일 만에 나타났다. 이사 날짜를 잡고 보니, 어수선하기만 하던 마음은 사라졌다. 발등에 불이 떨어지니, 기계적으로 해야 할 일들의 순서가 생겼다. 첫째가 버려야 할 물건과 가져가야 할 물건의 정리였다. 지금 살고 있는 집은 이사 온지 6년째다. 그때도 버릴 것을 많이 버리고 왔는데, 그 사이 또 쌓인 살림살이가 장난 아니다. 새로 들어올 세입자는 놓고 갈 물건 있으면 다 놓고 가도 된단다. 냉장고, 식탁, 침대, 책상, 미니 옷장, 커텐, 쇼파, 장롱을 놓고 가겠다고 했더니 그러라고 한다.

20년 만에 입성하는 아파트다. 가족들의 다 버리고 새 가구 사자는 성화에 못 이겨 그러겠다고 했는데 막상 전자제품과 가구점을 둘러보니 가격대가 상당히 높다. 새집에 새 제품으로 구색을 맞추고 싶

▲ 빛바랜 고가구

은 마음이야 꽃과 나비 같지만 경제적인 여건도 생각을 해야 한다. 다시 줄일 건 줄이고 가져갈 건 가져가야 한다. 새집을 오고가며 각자 자리에 앉을 물건들의 치수를 재었다. 장롱 놓을 자리를 재었더니 현재 사용 중인 가구 크기와 딱 맞춤이다. 12자 장롱에 경대와 문갑은 버리고 가기엔 너무 아깝고 가져가자니 침대 놓을 자리가 부족한 상태였다. 이 가구는 이종작은올케언니가 혼수품으로 가져온 아주 고가의 가구였다. 1982년에 1,000만 원짜리 장롱이 2005년 언니가 새집으로 이사를 하면서 우리 집으로 왔다.

이번에 이사를 하면서 이 장롱을 어떻게 해야 하나 고민을 하게 되었다. 버리자니 아깝고 가져가자니 공간을 많이 차지했다. 붙박이장으로 바꿔야 하나 고민하면서 가구점에 가서 가구를 살펴봤다. 모양새도 예쁘고 수납장도 잘 되어 있고, 가격도 저렴했다. 가구점 사장님께 상황을 설명하고 가구를 바꾸는 게 좋을지 의견을 물었더니 요즘 가구보다는 옛날 가구가 더 좋다하면서, 가구를 팔아야할 사람이 이런 소리를 하겠냐며 원목가구가 건강에도 좋으니 그냥 사용하라고 한다. 요즘 가구는 원목이 아니어서 환경호르몬도 신경 써야 한단다. 가구를 가져가겠다고 했더니 둘째 딸이 난리였다. “아니 40년을 썼으면 본전을 뽑고도 남겠다. 엄마는 왜 그리 버리지를 못해?”라며 핀잔을 준다.

이사를 할 때마다 무겁고 버거웠지만 고가품이란 자부심으로, 인간문화재의 작품이고, 우리나라에서 주문 제작되어 몇 개 없다는 긍지로 간직하고 있었다. 오랜 시간 사용하였으니, 낡기도 하고 부분 부문 훼손된 곳도 있다. 보수하면 경비도 많이 들어 고민을 했는데, 결론은 이사 갈 때 가져가는 물품에 넣었다.

이삿짐을 싣고 경기도에서 충청도로 가는데 입주해야 하는 아파트가 10층이라 사다리차를 사용해야 한다. 사다리차 차주와 이삿짐 아저씨들이 사다리차 앞에서 이야기를 나누는데 내가 그 사이를 지나가게 되었다. "새집에 왜 썩은 가구를 가져 오냐?"고 흉을 보고 있던 찰나였다. 비몽사몽 정신이 없었는데 그 소리는 또렷하게 들렸다. 기분이 나빴지만 모르는 척 지나 왔더니 민망했는지 입들을 다문다.

'그래 사람마다 가치관과 생각이 다를 뿐이야. 저 사람들이 이 가구가 얼마나 비싼 가구인지를 알면 저렇게 말하진 않았겠지.'

이 썩은 가구가 몰락한 우리 집안의 역사와 처지가 비슷하여 참담한 기분이 들었다. 호화로움으로 입성했을 고가의 가구가 지금은 버려야 할 정도로 가치가 떨어졌고, 몇 천석의 살림에 의병장을 하신 조상의 위상이 몰락한 후손으로 인하여 서훈 한 장 받아 드리지 못하니, 참으로 부끄럽다.

빛바랜 가구나, 몰락한 집안의 역사가 원래의 품격을 유지할 수 없어 서글픔이 몰려온다. 그래도 고가의 가구는 가구로써의 위상이 있고, 금수강산의 산맥 같은 뼈대 있는 집안의 자손은 가난하게 살아도 숨겨둔 자존감은 잃지 않으리라는 희망으로 오늘을 산다.

나의 증조부님, 진주의병장 정한용

진주의병장 정한용

정현경

어렸을 적 그 옛날 전설처럼 들리는
증조부님 옛 애기는 내 마음의 굵은 뿌리
이제사 생각해보니 미안함만 가득하네

어려운 나라운명 걱정 앞선 진주시민
정한용을 추대하여 의병장이 되었으니
막중한 책임감으로 집안 곡간 다 비웠네

태평성대 이제 와서 서훈 한 장 달라하니
이것저것 따지더니 자료부족 안 된다네
국가여 무명의 용사도 사랑으로 안으소서

아버지는 내금위장 형님은 고종경호 우시어(右侍御)
고종황제 진상한 감 고종시 되어
지금도 청수 생가 터에 늙어늙어 서있는데

역사의 뒤안길에 묻혀 있는 증조부님
부끄러운 못난 후손 내세우지 못해도
정한용 진주의병장 자랑스런 증조부님

의병이 해산되고 은둔생활을 하시는데, 항상 일본 순사들이 감시하는 요주의 인물이셨다 한다. 그래도 할아버지는 보란 듯이 마작패에 앉아 마작도 하시고 세상을 유람하시며 사셨다한다, 오히려 일본 순사들은 숨어서 관찰하고, 할아버지는 '나 있깄소.'하고 다닌 모양이다.

어느 날 밤에 종복 한 사람을 데리고 산을 넘는데, 저 멀리서 불이 반짝이며 다가오더란다. 가만히 보니 움직임이 호랑이더란다. 뒤따라오는 하인이 얼마나 놀라겠나 싶어 큰 소리로 하인의 이름을 부르며 '놀라지 마라'했더니, 정작 호랑이가 도망을 치더란다.

이 이야기는 우리 집안에 전해 내려온 의병장 할아버지 이야기다. 기개와 기상이 얼마나 대단하셨는지, 누구라도 그 눈빛을 마주볼 수가 없었다 한다. 집 안에서 기침을 하시면 뒤뜰이란 뒷동네가 들썩였다는데, 믿어야 할지 말아야 할지 모를 이야기도 전해오고 있다.

또 증조부의 처가에서 굿을 한 적이 있었단다. 그런데 증조부의 죽은 처제가 나타나 '정 대장 형부가 무서워 청수 언니 집에는 갈 수가 없다.'고 하더라는 이야기도 전해온다. 들을 때는 웃으며 들었지만 가만히 생각하니 소름이 돋는다. 귀신도 무서워한 담력, 호랑이도 도망치게 했을 그 눈빛의 광채가 어떠셨기에, 사람들이 바로 볼 수 없을 정도였을까 싶어서다.

오죽 답답했으랴. 망국의 설움을 유람으로 보내야 했을 그 속마음을 누가 알아주랴. 죽고 다쳤을 선량한 의병들의 모습은 또 어떻게 지워야 했으랴. 살아남은 자의 슬픔을 고스란히 안고 살았을 인고의 세월을 그 누가 알아주랴.

나 어렸을 때는 진주 의병대장이 나의 증조부님이시고, 부대장이 노응규 의병장인줄 알았는데 휘하 장수들이 의병장이 되어 서훈을 받고, 정작 대장이신 나의 증조부님은 왜 역사의 뒤안길에 가만히 누워만 계셔야 했는지 알 수가 없었다. 노응규 의병장 하옥 사건도 진주성을 서로 지키겠다고 하여 제비뽑기를 했다 한다. 노응규 진영에서 제비를 뽑아 진주성을 지키기로 했는데 일본관군에게 대패하여 증조부님 진영으로 피신을 왔다한다. 그랬더니 증조부님 휘하 장수들이 성을 지키지 못하고 도망쳐온 장수를 살려둘 수 없다며 참수하라는 성화가 대단했단다. 그 화를 면하기 위하여 노대장을 하옥시키라고 했다 한다. 밤이면 사식을 몰래 넣어주고 휘하 장수들의 화가 풀리기를 기다렸다가 풀어주었다 하는데, 노응규 문집에는 이 대목을 왜곡해서 써 놓은 모양이다. 그리고 노응규 의병장 집안이 참화를 당한 부분이 마음 아파 모든 걸 내려놓았다고 들었다. 정한용 의병장의 부친인 나의 고조부께서는 내금위장을 지냈고, 증조부의 형님은 고종황제를 경호하는 우시어(右侍御)이셨다고 한다. 어느 날 일본강점기 시대에 일본군인 관군토벌대가 내려가니 모두 피신하라는 정보를 전달 받은 정한용의병장은 즉시 노응규 부대장에게 전갈을 보냈으나 연락이 닿질 않았다고 한다. 그러 인해 기족이 참화를 당하신 걸 애통해하신 모양이다. 경남 함양군 안의면에 있는 노응규 의병장의 생가가 불타면서 형과 아버지가 화를 당하셨다 한다.

예나 지금이나 권력의 중심에는 파벌이 조성되고 중상모략은 끊임없이 생성되나 보다. 하지만 진실은 언젠가는 밝혀지게 되어 있다. 어떻게 말해야 할지 고민 되면 진실을 말하라 하지 않던가. 역사의 해석이 시대 상황에 부응함도 어쩔 수 없는 일인가 보다.

말없이 잠들어 있는 나의 증조부님도 언젠가는 밝은 하늘 아래 환하게 웃으며, 맑은 하늘처럼 빛나는 얼굴로 호탕하게 이 나라의 발전을 위해 만세 삼창을 하시리라 믿는다.

고종시가 된 고등시 감나무

나의 생가에 커다란 고등시 감나무 한 그루가 나도 모르는 옛이야기를 품고 기력 없이 서 있다. 내가 어렸을 때는 기력이 팔팔하여 우람한 팔뚝에 그네를 매어 나를 신나게 태워주고도 싱싱한 감들을 주렁주렁 달고 예쁜 몸매를 자랑하던 이 감나무는, 이제 기운이 없는지 풀밭에 파묻혀 존재감마저 상실하고 있다. 나이를 계산하자면 벌써 백 살은 넘었을 것이다.

몸통은 어미 곰처럼 튼실하고, 사방으로 뻗은 우듬지는 하늘높이 치솟아 어린 눈높이로 바라본 감나무는 그야말로 커다란 집이었다. 싱싱한 잎으로 쌓여있어 천막 같은 그 감나무 아래에선 비가 와도 한동안 비를 피할 수 있었고, 봄이면 그 감나무 아래에서 떨어진 감꽃도 주어 팔찌도 만들고 목걸이도 만들어 친구들과 소꿉놀이도 했다. 감이 익을 때면 감도 주워서 물에 삭혀 친구들과 나눠먹기도 하고 새빨간 홍시가 떨어지면 친구 생각도 없이 혼자 맛있게 먹었던 기억이 난다.

감나무 아래의 풀 섶에는 골담초와 상상화가 화원을 이뤘고, 그 주

▲ 고종시가 된 고등시 감나무

변에는 매화나무와 산수유와 벽오동이 있었다. 대문 옆 연못 옆에는 매화나무 한 그루가 물에 비치는 미끈한 모습을 보고 하늘 향해 행복한 미소를 짓고 있었다. 자주목련과 죽단화와 나리꽃들도 함박웃음으로 오가는 사람들을 향해 끝없는 미소의 향기를 날려 주었다. 그러면 불그스레한 깃발을 휘날리는 돌담 옆의 홍단풍은 옥산에서 내려오는 시냇물을 바라보며 연못을 지키는 수문장 노릇을 톡톡히 잘도 했다. 이 모든 풍경을 한 눈에 바라볼 수 있는 연정이란 별채에 앉아 있노라면 시원한 여름의 피서지가 따로 없었다. 내 어렸을 때 감나무 주변의 풍경이다. 엄마 잃은 어린 마음을 감나무는 토닥거려 주었다.

얼마 전에 동생과 전화를 하다가 증조부님의 고등시 감나무 이야기를 동생으로부터 듣고 나는 내 집안의 역사에 관해서 참 아는 게 없다는 것을 절실히 깨달았다.

나의 증조부 진주의병장 정한용의 형님께서 고종황제를 경호하는 우시어(右侍御)이셨다고 하는데, 경남 하동의 집에 다녀가시면 이 고등시감을 고종황제께 갖다 드렸다 하여 이 나무 이름이 고등시가 아니라 고종시가 되었다고 한다. 온 동네 사람들이 다 알고 있다는 이야기를 왜 나는 여태껏 몰랐을까?

이젠 대문 옆 연못도 사라지고 연정이란 별채도 뜯겨 없어졌다. 2,000평 대지의 시끌벅적하던 집안은 잡초만 무성하고, 정작 집을 지키고 관리해야할 아버지는 집을 버리고 가출하시어 지금은 나의 집에 계신다. 지금은 동생이 집을 지키며 명맥을 유지하고 있다.

나의 증조부께서는 진주지역 의병대장을 하셨으나 아직 서훈을 받지 못하였다. 몇 번 신청을 하였지만 자료가 부족하단다. 집에 불이

나서 자료가 소실되기도 했지만, 못난 후손들의 무관심이 낳은 결과다. 이제 되돌아보니 모든 것이 아쉽기만 하다. 이 감나무만 하여도 역사의 손길이 알알이 스며있는데, 선조를 위해서 아무것도 해보지 않았고, 할 수 없었던 나의 무능이 부끄럽기만 하다. 이제부터라도 전해 오는 이야기를 모아서 친가의 역사를 기록해봐야겠다.

인터넷에 뜬 조상

신록의 계절 오월에 아낌없이 주는 나무를 생각하다가 땅속 깊이 감추어진 뿌리에 대해 상념을 모아 보았다. 나의 뿌리는 어디서부터 찾아야 할까?

먼 뿌리가 희미하면 가까운 뿌리부터 집안의 역사를 올라가 보면 어떨까? 그래서 가장 기억에 남고 이야기로만 전해지는 진주의병장 정한용 증조부를 인터넷에 검색해보았다. 네이버에서 확인하고, 구글에서 확인하고, 다음으로 넘어가 검색을 하던 중 눈에 익은 이름이 들어와 깜짝 놀랐다. 자세히 검색해보니 내가 군입대한 조카에게 쓴 편지가 당당히 한 자리 차지하고 있는 것이 아닌가. 어떻게 여기 이렇게 나와 있을까?

참 신기하기도 하고 세상에는 비밀이 없구나. 갑자기 심장의 쿵쾅거리는 소리가 서훈을 받지 못한 증조부에 대한 미안함을 조금은 벗는 기분이었다.

편지 내용은 다음과 같았다.

의산아~

생각해보니 교육대 간지도 벌써 2주구나

논산훈련소 수료식이 어제 같았는데~

카페 주소 찾아 헤매느라 며칠 늦고~

이제 운전대가 좀 익숙해졌겠지?

고모가 이 시는 비밀편지에 보내려고 했는데 글자 수가 300자 이내라 할 수 없이 이 게시판으로 보낸다.

너 수료식 날 최익현 선생님 추모헌시 낭독회가 있었는데, 결국 지각했지만 부랴부랴 낭독하고 유가족들과 인사 나누고 왔단다.

의산아~

집안의 역사가 별거 아닌 것 같지만 그래도 자부심 갖고 반듯하게 인생살이하길 당부한다.

▲ 증조부 정호용 님의 묘비

이것은 면암 최익현선

생님 숭모제 추모헌시 낭독회에서 있었던 일이다.

나의 증조부님은 진주시민의 추대를 받아 26세에 의병장이 되신 정한용이시고 그분의 형님은 고종황제를 경호하는 우시어 정호용이셨고 두 분의 아버지 되시는 나의 고조부는 내금위장을 하셨다고 한다. 정호용 증조부께서는 경남 하동군 옥종면 집에 있는 고등시 감나무의 감 홍시를 따다가 고종황제께 드렸다 한다. 그래서 그 감나무의 이름이 고종시가 되었다고 한다. 나라가 존망의 위기에 처했을 때 나의 선조들께선 목숨을 내놓고 충정을 바치셨다. 포은 정몽주 선생님은 고려가 멸망할 때 그러셨고, 나의 증조부께서도 조선이 위기를 맞자 두 형제분이 조선을 지키려고 목숨을 내놓고 한분은 궁궐에서 또 한 분은 민초로 일본의 조총 앞에 칼을 들고 죽을 각오로 싸우셨다. 그러나 나라는 힘을 잃고 쓰러져 갔고 죽지 아니한 목숨은 은둔생활로 세상을 등지고 사시다 돌아가셨다 한다. 의병장 증조부는 곡간을 비워 1만 군사의 군량미로 살림을 바닥내셨고, 조부가 큰집으로 양자를 가셔서 살림을 다시 세웠다한다.

요즘은 인터넷의 시대이며 지구를 하나로 묶어 실시간 소식을 빛처럼 쏘아 올리는 레이저광선의 시대다. 서훈을 받지 못한 것은 역사적 자료가 부족하기 때문이라 하는데 집안에 큰 불이 나 귀중하고 소중한 유물적 가치가 있는 많은 자료를 소실하였다고 한다. 조선실록이나 향토사에서 부족하나마 입증하고 있는데 그것으로 부족하단

▲ 면암 최익현 선생 추모시 낭송회에서

말인가. 집터 땅을 다 파면 혹시 무슨 물증이라도 나오려나 온갖 생각을 다해본다. 인터넷에는 이름 없는 이들의 글이 문득문득 올라와 좋은 소식을 줄 때도 있고, 나쁜 소식을 줄 때도 있다. 나는 이번의 편지글이 서훈을 받지 못한 증조부에 대한 좋은 소식이 되었으면 하고 한 가닥 희망을 걸어본다. 지금은 몰락한 가문의 후손이 되어 선조들을 위해 아무것도 할 수 없지만, 나라위해 목숨 내놓고 싸운 민초의 우국충절을 국가에서 발굴하여 서훈 한 장 주는 것이 도리 아니겠는가? 나라가 위기에 처했을 때 이 나라를 지켜주는 이는 또 누구이겠는가?

면암 최익현선생님 추모제를 기리며

정 현 경

무관심의 소치로
김삿갓의 우를 범하지 않게 하소서
진주의병장 증조부님의 후손으로
여기 섰습니다

임을 흠모했고
임을 따르던 제자요
대마도에서 임의 시신을
부산 초량으로 운구해오신 분이
지척에 계셨는데도
몰락한 가문의 후예는
역사의 뒤안길에서
부끄럽게 살았습니다

임의 정신
임의 충정
임 가신 길 따르지 못한 소치

서러운 목숨을 이어왔으니
못내 가슴이 저려옵니다.

흘러 흘러
포천 땅에 정착해 살면서도
조상을 팔고 싶지 않아
못내 임을 외면했습니다

청성공원 임의 모습
당당하고도 높은 기상
뵈올 때마다
선조의 고귀한 환영 앞에
작아만 지는 내가 싫었습니다

조상의 인연
소중했던 인연
목에 걸린 가시를 빼는
괴로운 심사를
고백합니다.

이름 없는 민초

사라진 진주 의병장 정한용
증조부님의 한을 담아
향을 사릅니다.
부디 편히 영면하소서

독립유공자 발굴사업 뉴스를 보고

2019년 7월 어느 날 우연히 진주의병장 정한용을 검색하다가 '인천대 밝혀지지 않은 215명 독립유공자 발굴 공개'라는 기사를 접하게 되었다. 네이버도 검색해 보고 다음도 검색해보고 구글도 검색해 보았다. 한결같이 비슷한 내용의 기사들이 떴다. 잔잔한 감동이 밀리어 왔다.

인천대학교 조동성 총장은 안중근 의사의 어머니 조마리아 여사가 왕고모인 관계로 독립유공자 발굴에 대하여 크게 관심을 가지고 있었던 차에 최용규 전 국회의원이 인천대학교 법인 이사장으로 취임하자 독립유공자 발굴하는 일을 본격적으로 하고자 이갑영 중국학술원장을 초빙한 것이 결정적인 계기가 됐다는 후문이다. 이번 포상신청 대상자를 살펴보면……, 진주의병장 정한용 등은 국사교과서에도 나온 인물인데, 아직까지도 포상되지 않고 있다. 조동성총장은 "독립유공자 발굴이 제대로 이루어지지 못한 현실을 타개하기 위해서 만시지탄이지만 인천대학교에서 본격적으로 나서겠다."고 다짐했다 한다.

2019년 6월 27일자 국방일보에서 인터뷰한 이태룡 의병연구소장과의 일문일답에 이런 질문이 있다.

"이번 서훈 신청 명단에서 우리가 주목해야 할 인물이 있다면?"

"의병투쟁유공자 187명과 의열투쟁 유공자 28명을 서훈 신청했다. 3명을 제외한 모두는 재판기록이 있다. 눈에 띄는 인물은 1907년 가을부터 겨울까지 전국 의병이 연합해 서울진공작전을 전개했을 당시 13도 창의대진소 관서창의대장으로 활동한 의병장 방인관과 진주의병장 정한용 등이다. 이들은 국사교과서에 나올 정도로 유명한 인물이지만 아직 포상되지 않았다."

후손들도 못한 일을 안타까워한 단체가 있었으니 못난 후손으로서는 정말 감사했다. 미약하지만 이제라도 증조부의 서훈을 받아드리기 위해서 무언가를 해봐야겠다고 마음을 다지고 있었는데, 이런 기사를 접하게 되어 어떻게 감사의 말을 표현해야 할지 모르겠다. 후손으로서 서훈을 받고자하는 것은 국가로부터 받는 보상금이 탐나는 것이 아니라, 모든 것을 아낌없이 나라에 바친 증조부님에 대한 예이지 그 이상도 이하도 아니었다. 후손이 잘났으면 벌써 받았을 서훈을 이리 밀리고 저리 밀리고 3대를 거치는 동안 이제사 빛을 보게 되는 것인가. 하지만 또 밀리고 말았다. 74주년 광복절 기념식에 독립 유공자 서훈을 받지 못했다.

이젠 서훈에 연연해하지 말자. 나의 증조부보다 더 희생하신 분들이 먼저 서훈을 받는 것이 도리이고 그분들에 대한 예이다. 내 나라가 독립되었고, 가난을 면하고, 이만큼 살게 되었으니 이것으로도 족하지 아니한가. 이순신의 12척의 배가 이 나라를 지켰듯이 무명의 독립운동가들이 있어서 이 나라가 여기까지 오지 아니하였는가. 한때는 국가의 처사가 원망스럽기도 했지만 유공자 후손들의 대부분이 자료부족으로 서훈을 받지 못한다 한다. 옥고를 치르고 판결문을 받지 않으면 자료증명 할 길이 없는 후손으로서는 안타까운 일이다.

시절이 바뀌면 역사도 바뀌고 문화도 변화고 이제는 기후까지도 변하여 생태계에 혼란도 오는 시절이다. 급진적인 변화가 와도 힘 잃은 조국을 위해 목숨 걸고 애쓰신 선조들을 발굴하기 위한 사업을 하는 인천대학의 독립유공자 발굴사업에 힘찬 응원을 보내고 싶다.

시절이 바뀌어도 권력이 바뀌어도 변함없는 독립유공자 발굴사업 재단으로 활동하길 기대한다.

5부
나의 사랑 나의 시

모두가 인연일세

정현경

가방을 달랑 메고
두꺼비 같은 몸짓으로
날듯이 뛰어가는
믿음직한 내 아들아

내 몸에서 너를 보고
현실에서 너를 만나
알콩달콩 아옹다옹
말도 많고 탈도 많다

시끌벅적 삼남매와
알콩달콩 아옹다옹
말도 많고 탈도 많은
이 세상에

이 모두가 인연일세

- 2004년 양주시립도서관 독서회 『한사랑문학』 게재 시

가을 농부

마알간 들꽃 잎 속에
가을이 숨어있네

푸른 산 그림자 등을 숙이고
가을을 맞이하네

함초롬히 벌린 잎새 사이로
알알이 영근 결실이
가을을 노래하네

소리 없는 아우성으로 서 있는
풍요로운 들판

이 모든 건 너의 노고
허수아비 같은 농부 마음

- 2005년 양주시립도서관 『한사랑문학』 게재 시

행복을 가져 오는 미소

젊어지는 샘물 같은 단어 한 모금을 머금고 오늘도 화장대 앞에 앉아 거울을 본다. 입가에 잔잔히 퍼지는 미소를 머금는다.

소리 내 웃을 수도 없고 속으로 삼켜야 하는 행복한 미소이다. 하루에 한 번쯤은 내게 행복을 전하는 소리 없는 미소를 공개할까 한다.

젊음을 연장하는 비밀을…….

위로 누나 둘을 둔 97년생 아들이 있다. 머리끝부터 발끝까지 오동통한 굴러 온 호박 같은 아들인데, 세상을 삼키고도 남을 듯한 먹성 좋은 아들이다.

IMF를 끼고 태어난 시기와 때를 같이 해 집안 일이 뜻대로 되지 않았다. 이 원성이 아들한테 쏟아져 빽 하면 “너 때문에 되는 일이 없잖아” 엄마의 구박이 시작되었다. 혈관마다 세포마다 이 소리가 전해지는지 아들은 엄마를 웃기기 시작했다.

97년생 아들이 자라 어느덧 초등학교 1학년이 되었다. 학부모 참관 수업을 하는 날, 한껏 치장을 하고 학교로 갔다. 살며시 교실 뒤쪽 엄마들 틈에 섰다.

슬며시 엄마를 관찰했는지 부모와 협동 작업을 할 때, 아들은 "엄마, 귀 대 봐", 어깨를 낮추고 가까이 갔더니 "엄마, 쥐 먹고 왔어?" 한다. "뭐" "쥐 먹었냐고?"

그때부터 난 이 소리 없는 웃음을 멈출 수가 없다.

화장대 앞에 앉아 루즈를 바를 때마다 행복을 전하는 미소를 멈출 수가 없다. 오늘은 쥐 먹은 루즈를 바르지 말아야지.

여러분!

여러분들에게도 이런 말썽쟁이 아이는 하나쯤 있겠지요?

PS : 사랑하는 97, 98년생에게

어려운 시기에 태어난 우리 아이들에게 대한민국의 희망과 꿈을 양 어깨위에 올려 본다.

나의 사랑이, 우리 부모들의 간절함이, 너희 양 어깨에서 찬란히 꽃피길 간절히 소망한다.

- 05년 양주시립도서관 『한사랑 문학』 게재

보름달은

보름달은 밝기만 하다
새벽달을 보며
길을 가다
달이 있으므로
밤하늘에
해가 없다는 사실이
슬프지 않았다

새벽별을 보며
길을 가다
별의 반짝임과
내 눈은
서로가 슬펐다

새벽길을 걷는
나에게
새벽안개는

슬픔을
묻어 주었고
새로운 용기를 주었다

생명이 소진할 때까지
문제는 생기겠지
시름하지 말고
부딪히자

햇살 뒤엔 달이 있듯
슬픔 뒤엔 기쁨도 있겠지

추석 보름달은 밝기만하다

- 2007년 양주시립도서관 『솔바람』 게재 시

여름 나무

6월입니다.

나뭇잎들이 춤추는 계절

마음이 물결치는 계절

마루턱에 걸터앉아 긴장합니다.

거목이 연한 초록 잎사귀를 달고 잎사귀끼리 부딪히는 사르락 사르락 음률소리, 아니 바람 소리에 온몸의 세포가 긴장합니다. 태풍인가 하면 바다파도 소리 같고 그런가 하면 깊은 산속의 댓바람 소리 같은 가늠할 수 없는 바람의 향연에 숙연해 집니다.

자연의 미묘함은 바람 소리뿐이겠습니까?

향기롭다가 고통스럽다가

이제부터 시작되는 여름더위는 누구를 그리워하는 해바라기일까요?

맑은 햇살이 떠오르면 자연은 그 자리에 그대로 굳건히 서 있을 뿐이다.

잎이 무성하고 기둥이 듬직한 6월의 나무들은 참 싱싱하기도 하다.

신록이 무성한 거목을 바라보고 있노라면 난 참 많은 대화를 한다.

"잎사귀야, 바람이 지나가면서 무슨 말을 하니?"

"잎사귀야, 새들이 와서 무슨 얘기를 들려주던"

"잎사귀야, 기둥은 참 서운하겠다. 너희들을 바치고 있느라 얼마나 힘겨울까?"

내가 아무리 조잘거려도 나무는 변함없고 잎사귀는 춤만 춘다. 그래 난 말없이, 아무 말없이 날마다 틈만 나면, 생각만 나면 어느 날은 커피 잔을 들고 어느 날은 빈손으로 또 어느 날은 마음을 다 비우고 옥상을 빙 둘러싸고 무럭무럭 잘 자라는 은행 나뭇잎을 찾아간다. 처음엔 글감을 찾아 무슨 글을 한 번 써 봐야겠다고 옥상 위에 올라가 사방을 둘러 봤다.

앞을 보면 70년 역사를 자랑하는 널찍한 초등학교 운동장, 뒤를 보면 푸른 산등성이, 옆을 보면 현대식 대형마트 간판, 전철레일 또 옆을 봐도 산, 내가 즐겨 찾는 옥상장소는 물탱크 옆에 비를 맞아도 눈을 맞아도 괜찮은 플라스틱 낡은 의자. 이 의자에 앉아 물탱크 물 떨어지는 소리가 폭포수인양, 초등학교 운동장 옆을 장군처럼 지키고 정렬해있는 위풍당당한 은행나무들이 행진곡인양 스스로 심취하여 있으면 옥상 주위를 빙 둘러싸고 있는 우리집 은행나무는 토라진 아가의 입 인양 뾰로롱하게 싹을 내밀더니, 어느새 무성해져 이제 포도

송이 같은 새끼를 가졌다.

하루하루 달라지는 이 포도송이가 대견스러워, 또 옥상 위에서 키우고 있는 상추와 고추가 궁금해 날마다 틈만 나면 옥상이 날 부르는 것 같아 성큼성큼 계단을 오른다. 옥상을 오르면 사방을 한 바퀴 둘러보는 건 나의 일상이다. 좋은 글감이 떠 오를까하여, 하지만 나를 기다리고 있는 건 먼 산도 아니고 안개 낀 운무도 아니고 비바람 칠 때의 물보라도 아니다. 단지 내 옆에서 내 손길을 바라고 풋풋하게 잘 자라고 있는 남새와 나뭇잎새 뿐이다.

내가 나무를 사랑하는 건 더더구나 단풍진 가을 나무보다 여름 나무를 사랑하는 건 거목의 무성한 나무속에서 난 내 아이의 삶을 심어 놓았기 때문이다. 덩치가 듬직한 막내 아들놈이 매사가 의존적이고 자신감이 없기에 틈만 나면

"호성아, 큰 나무로 자라라. 그러면 그 나무 그늘에 와서 사람들이 시원하게 쉬어가고, 그 푸른 잎사귀 사이에서 새들이 노래하고, 그 둥지 속에서 다람쥐 가족이 오순도순 사는 그런 큰 나무로 자라라"

틈만 나면 한 번씩 읊조리지만 가슴에 무슨 뜻이 새겨지는지 나는 아직 알 수가 없다.

그래도 한 번씩 "너는 큰 나무야, 어떻게 커야 하는지 알지!" 하면서 꼭 안아 준다.

이런 마음이라 나무를 보면 내 아이의 얼굴이 둥근 해님 얼굴처럼 떠오른다. 더욱 더 크고 튼튼한 나무에서는 더 믿음직스런 아이의 얼

굴이 떠오른다. 내 어찌 여름 나무의 싱싱함을 사랑하지 않으리!

- 2007년 김삿갓 전국백일장 산문 장려상 수상
- 2007년 양주시립도서관 독서회 『솔바람』 게재

봄이 좋아요

잠자던 메마른 나뭇가지가
기지개를 켜요.
지나던 봄바람이 입맞췄거든요
"누구야! 아이, 깜짝이야"
눈을 떠보니 위에선
따스한 해님이 빙그레 웃고 있잖아요
부끄러워 고개를 숙였더니
땅속 발가락이 간지러운 거예요

입춘 지난 땅속
생명의 꿈틀거림 시작되고
아우성소리
봄바람과 함께 실려오더니
어느새
산수유 꽃망울 터뜨리고
진달래 꽃잎 펼치더니
온 산야가
울긋불긋 꽃동산 잔치

>

봄비에
꽃잎 하나 둘 가더니
새싹 잎을 틔워
생명의 신비함 감출 수 없네
온 산야가
초록으로 물들었네.

봄바람
봄비와 함께
생명의 희망 실고 오네

꽃이 피어 좋은 봄이 아니어요
잎이 돋아 좋은 봄이 아니예요
그저
새로운 생명을 탄생시켜
희망을 주는 봄이기에
봄을 아니 좋아 할 수 없어요

봄이 좋아요
봄이 좋아요

자연의 위대한
봄이 좋아요
헤설픈 내 삶이 서러워
봄이 좋아요
그나마
희망을 심을 수 있기에
봄이 좋아요.

- 2008년 제22회 반월문화제 백일장 운문부문 장원 수상작

엄마의 향기

아른거리는 물 속 그림자
파아란 하늘입니다

뭉게뭉게 떠가는
저 구름 위에
세월의 가지가
춤을 춥니다

병마와 싸우다 지쳐 떠나던 길

일곱 살의 어린 새싹
중년 된 지금
빛바래진 엄마의 향기 속
청자처럼 자라났고
엄마의 나이보다 더 많은
세월의 나이를 먹은 딸
바람 불거나
비 오는 날

>

그리움으로

하늘 한 번 쳐다봅니다

팔순 노부

병든 몸으로 엄마와의 만남을

얘기하고 희망을 노래합니다

비 오지 않는 하늘 아래서

나만의 빗방울이 떨어집니다

엄마의 향기는

사라졌어도…

엄마의 향기는

옛 추억이 되어

흘러갔지만

남아있는 엄마는

영원한 향기입니다

- 2012년 제7회 양주 김삿갓전국문학대회 특별상 수상
- 2013년 양주시립도서관 독서회 『솔바람』 게재

고갯길

자드락길 돌고 돌아 지나온 길 돌아보니
뾰족뾰족 돌멩이 발바닥을 찔렀어도
삼남매 키워내느라 아픈 줄도 몰랐었지

고갯길 야생화와 도란도란 얘기하며
그리움을 바람결에 구름 무등 태워주고
묻어둔 어머니향기 소슬하게 피어난다

- 진천 농다리축제 백일장 수상작

저자 정현경이 걸어온 길

가족력

1963년 7월 5일생, 아버지 연일정씨延日鄭氏 찬자 화자와 어머니 전주최씨全州崔氏 재자 윤자의 6남 1녀 중 4째, 이복남동생 1명 태어남

1966년 할아버지 사망

1974년 어머니 사망(6월 6일 현충일)

1976년 새어머니 오심(3월 3일)

1987년 할머니 사망(음력 1월 4일)

1991년 평택임씨 병희와 결혼(6월 16일)

1992년 첫딸 임소정 태어남(4월 17일)

1995년 둘째딸 임예진 태어남(2월 16일)

1997년 아들 임호성 태어남(5월 8일)

2018년 큰딸 임소정, 밀양박씨 상준과 결혼(5월 19일)

2019년 둘째 동생 연순(연술) 사망(10월 21일)

2020년 첫 외손녀 태어날 예정(2월)

학력

1974년 옥종초등학교 42회 졸업

1977년 옥종중학교 25회 졸업

1981년 선명여자상업고등학교 졸업

1984년 한국방송통신대학교 유아교육과 졸업

1987년 홍익대학교 미술교육원 수료

1990년 한국방송통신대학교 법학과 졸업

2009년 경기도 영아보육 전문 교육과정 수료

2014년 치매예방 트레이너 교육 수료

2017년 집단상담프로그램 수료

2017년 실버건강관리사 과정 수료

2019년 웰다잉 교육과정 수료

경력

1982년-1988년 한국방송통신대학보사 업무부 근무

1988년-1993년 한국방송통신대학 부설 동숭어린이집 교사 근무

1993년-1995년 늘푸른 어린이집 운영 원장

2004년-2006년 덕정초등학교 병설유치원 기간제 교사 근무

2006년-2007년 리틀영재어린이집 교사 근무

2007년-2008년 햇살고은 어린이집 교사 근무

2009년-2013년 덕원어린이집 교사 근무

2014년 한마음 요양원 요양사 근무

2017년-2018년 삼성숲 어린이집 교사 근무

자격증

1980년 주산 1급 자격증

1980년 부기 3급 자격증

1980년 타자 4급 자격증

1984년 유치원 2급 정교사 자격증

1986년 자동차운전면허증 2종 보통

1991년 보육교사 1급 자격증

1993년 보육시설장 자격증

2010년 요양보호사 1급 자격증

2015년 사회복지사 2급 자격증

2017년 레크레이션 코치 1급 자격증

2017년 시니어 행복코디네이터 자격증

2019년 웰다잉 상담심리사 1급 자격증

2019년 노인통합지도사 1급 자격증

사업

2015년 임대사업자 등록

문학상

2007년 김삿갓 백일장 산문 장려 수상

2008년 제22회 반월문화제 운문 장원 수상

2013년 김삿갓 전국문학대회 운문 특별상 수상

2019년 진천군민백일장 운문 차하 수상

2019년 농다리 축제 백일장 시조 참방 수상

2019년 표암 강세황 미술대전 시화전 당선

2019년 포천 글사랑 백일장 산문 장원 취소(관내 미거주자라는 이유로)

이 도서의 국립중앙도서관 출판예정도서목록(CIP)은 서지정보유통지원 시스템 홈페이지(http://seoji.nl.go.kr)와 국가자료종합목록 구축시스템 (http://kolis-net.nl.go.kr)에서 이용하실 수 있습니다. (CIP제어번호 : CIP2019045923)

정현경 자전에세이

바람은 썩지 않는다

초판인쇄일 2019년 11월 25일
초판발행일 2019년 12월 09일

지은이 : 정현경
발행인 : 김순진
편집장 : 전하라
디자인 : 김초롱
펴낸곳 : 문학공원
등 록 : 2004년 3월 9일 제6-706호
주 소 : 우편번호 03382 서울 은평구 통일로 633
녹번오피스텔 501호 스토리문학사
전 화 : 02-2234-1666
팩 스 : 02-2236-1666
홈페이지 : http://cafe.daum.net/yob51
이메일 : 4615562@hanmail.net

ISBN 978-89-6577-314-6 03810 정가 13,000원

※ 책값은 뒤표지에 있습니다.